京都市の
在日外国人
児童生徒教育と
多文化共生

在日コリアンの子どもたちをめぐる教育実践

磯田三津子〈著〉

明石書店

はじめに

　外国につながりのある子どもたちに関わる教育の原点は、在日コリアンの子どもたちをめぐる教育実践にある。戦後間もなく、日本の公立学校に、多くの在日コリアンの子どもたちが通うようになった。その当時より、それらの子どもたちをめぐる不登校、貧困、低学力、進学率の低さは深刻な課題であった。こうした課題は、1970年代に入ってようやく取り組まれるようになる。しかし、その頃はまだ多文化共生教育、在日外国人児童生徒教育ということばはなく、在日コリアンをはじめとする外国につながりのある子どもたちをめぐってどのような教育実践を行っていけばよいのかというモデルとなる教育実践は少ない状況であった。

　そういった時代において、本書で焦点を当てる京都市小学校外国人教育研究会（以下、外教研と称す）の教師たちは、1980年代の初頭より、在日コリアンの子どもたちのアイデンティティ形成、本名の使用、日本人と在日コリアンの子どもたちが学び合える学級づくりについて考え、教育実践に取り組み始めた。外教研の中心として活動してきた教師は、京都市の小学校、なかでも在日コリアン集住地域である京都市南区東九条にある小学校に勤めていた。東九条の小学校の教師は、在日コリアンの子どもたちが何人も在籍する学級で、在日コリアンの子どもや保護者が抱える様々な苦悩と向かい合った。そういった状況の中で、教師たちは、在日コリアンをめぐる教育への課題意識を高めていったのである。

　近年の日本の公立学校において、中国、フィリピン、ブラジルなどの

国々出身のニューカマーと呼ばれる外国につながりのある子どもたちは増加の一途をたどっている。1990年代以降、外国につながりのある子どもについての関心は、在日コリアンをめぐる教育課題について解決をしないまま、ニューカマーと呼ばれる日本語指導が必要な子どもたちに移っていった。今日の学校において、もちろん、ニューカマーの子どもの日本語指導や学習支援の充実は喫緊の課題である。そういった子どもが在籍する教室を担う教師にとっては、外国につながりのある子どもたちをどのように指導したらよいのか悩むことが多いに違いない。

しかし、外国につながりのある子どもたちに関する全ての教育課題の解決の役割を教師だけが担うわけではない。外国につながりのある子どもの周りには、日本人の子どもたちがいる。教室の中に子ども同士の良い関係が築かれていて、そこに居場所があれば、外国につながりのある子どもは積極的に学校に通うようになるであろう。そういったより良い人間関係の中で、子ども同士、勉強を教え合う。同時に、日本人の友だちと関わり会話をする中で日本語能力を高めることもできるのである。肝心なのは、外国につながりのある子どもたちが排除されることなく教室で子どもたち同士が豊かな人間関係を築くことができるかどうかということなのである。こうした教室の人間関係は、外国につながりのある子どもたちの日本語能力や学力を高める可能性がある。

それでは、教師は、具体的に、教室の中に外国につながりのある子どもの居場所となるような学級経営をどのように行うことができるのだろうか。そのためのヒントを与えてくれるのが、在日コリアンの教育に取り組んできた外教研の教師たちの教育実践である。在日コリアンの子どもたちをめぐる在日外国人児童生徒教育の実践の中で教師が目指してきたのは、主に次の2点である。第一は、在日コリアンの子どもたちが出自を誇れる肯定的なアイデンティティを形成することである。第二は、日本人がそのアイデンティティを認め、差異を大切にできる人間関係を構築することである。これまで、外教研に所属する教師たちは、在日コリアンの文化や歴

史についての教材を開発し、多様性を尊重できる子どもたちを育てるために どうするべきかを考え教育実践を展開してきた。

　外教研は1981年に発足した。これまでの外教研の研究・実践の成果は多大である。在日コリアンの子どもたちと向かい合ってきた教師たちの実践・研究から、わたしたちは多くのことを学ぶことができるに違いない。そしてそこからは、オールドカマーである在日コリアンの子どもたちだけではなく、近年日本で暮らし始めるようになったニューカマーとしての中国、フィリピン、ブラジルといった様々な国の子どもたちの教育を考えるための教育実践に向けて示唆を得ることができるはずである。

　その一方で、現在の在日コリアンをめぐる在日外国人児童生徒教育は旧態依然とした実践に留まっているというような課題もある。具体的にいえば、これまでは在日コリアンの子どもたちの民族的アイデンティティを大切にする教育が行われてきた。しかし、これからは、それだけではなく、外国につながりのある人々の平等に向けて考え、行動のできる社会正義に向けた能力をもつ子どもたちを育てることも必要である。今、日本の学校で学ぶ子どもたちが、外国につながりのある人々の抱える困難を取り除くためにはどうしたらよいのかを考え、現状を改善するための能力を育成することはとても重要である。こうしたこれからの在日外国人児童生徒教育を考えるためにも、まず、これまでに取り組まれてきた在日コリアンをめぐる教育実践を総括することから始めなければならない。

　以上を踏まえると、これからの在日外国人児童生徒教育の進展に必要とされているのは次の2点である。それは、まず、オールドカマーとしての在日コリアンをめぐる在日外国人児童生徒教育の教育実践を検討し、その成果から未来につながる展望を明らかにすることである。次に、これまでの在日外国人児童生徒教育について評価し、検討することを通して、何が問題でこれからどのように改善していけば良いのかを考え、新たな在日外国人児童生徒教育を創り上げていくための手がかりとすることである。

　本書で対象とする外教研の研究・実践は、在日コリアンとしての肯定的

なアイデンティティの育成と、彼らのアイデンティティを尊重できる日本人を育成していこうという考え方に基づいて、その研究・実践が展開されてきた。こうした外教研の研究・実践の成果は、京都市の教育の重要な財産である。同時に、外教研の取り組みからは、京都市を越え、多くの教師が外国につながりのある子どもの教育の在り方について大切なことを学べるに違いない。

　日本には、1970年代以来蓄積されてきた在日外国人児童生徒教育に関する優れた理論や教育実践がある。本書で注目する外教研の教師は、研究会に参加しながら実践記録をまとめ、教材を開発し、教育実践を創り上げてきた。こうした教師の存在は注目すべきである。それらの教師が研究会で語り合いながら教育実践を構築してきたことを何よりも大切にして、今後の日本の在日外国人児童生徒教育の発展への一助とすることが必要である。

　本書は、在日コリアンを対象とした在日外国人児童生徒教育を1980年代から現在において継続して研究・実践してきた外教研の教師と彼らが展開してきた在日外国人児童生徒教育を中心に、その教育実践について整理する。さらに、在日コリアンを中心とした外国につながりのある子どもの教育について考え、今後の在日外国人児童生徒教育について考えていく。

【注】
京都市小学校外国人教育研究会は、本書において外教研と称して記す。

目　次

序　章　京都市小学校外国人教育研究会の教師と在日コリアンの子どもたち

1.　在日コリアンと在日外国人児童生徒教育

　多文化共生が叫ばれて久しい。外国につながりのある人々の増加に伴って、差異の尊重と平等の実現は、今日の日本における課題の一つとされている。それは教育においても同様である。これまで、外国につながりのある子どもたちをめぐる教育に関しては、在日外国人児童生徒教育として実践・研究が蓄積されてきた。在日外国人児童生徒教育とは何かについて要約すれば、在日コリアンをはじめとする外国につながりのある子どもたちの差異の尊重をめざす教育である。在日外国人児童生徒教育の対象は、1970年代において、当時の外国につながりのある子どもの中心であった在日コリアン[1]であった[2]。1990年代以降、ニューカマー[3]の子どもたちが増加するにしたがって、中国、フィリピン、ブラジルといった様々な国につながる子どもたちも、近年、その対象となってきている[4]。

　現在、小学校には、在日コリアン4世、5世の子どもたちが通っている。世代を経るにしたがって、在日コリアンの中には日本国籍を取得し、日本人として生活している人々も増えてくる。一方で、韓国・朝鮮の法事であるチェサを行ったり、朝鮮語をはじめとする韓国・朝鮮の文化を大切にする在日コリアンもいる。今日の在日コリアンのアイデンティティは多様で

ある。しかし、そこには共通していることもある。それは、彼らのルーツが韓国・朝鮮にあり、そして現在は、日本で暮らし、日本語を話し、日本の文化も身に着けているということである。

　一方、日本で暮らすようになったばかりの外国につながりのある子どもたちは、日本語能力が十分ではないことが多い。教室における子ども同士、教師とのコミュニケーション、そして授業においても、日本語を習得することは切迫した課題である。そのために、それぞれの自治体は、日本語支援員を配置し、日本語教室を開くなどして子どもたちの日本語能力を高めるための取り組みを行っている。それに加えて、例えば、埼玉県には、200を超える地域日本語教室があり、外国につながりのある大人と子どもが日本語を学ぶ機会が提供されている[5]。

　もちろん、日本で暮らし、日本の学校に通うためには、日本語の習得が必要である。日本語を使い、日本に適応することは、日本で暮らすために避けては通れない。しかし、それは、日本語や日本の文化についての学習を通して、外国につながりのある子どもたちに日本への同化を強いるものではない。そのことは、日本で生まれ育って日本語を使いこなす在日コリアンに対しても同様である。在日コリアンにとっても、韓国・朝鮮の文化を維持・継承しながら日本で暮らすことができる社会が望ましい。ニューカマー、そしてオールドカマーである在日コリアンを問わず、母語を大切にすること、母文化を維持することはとても重要なことなのである。

　ところが、教師が子どもの国や民族の文化を大切にすることは簡単なことではない。筆者は、数年前、関東圏にある中国人集住地域の小学校を訪ねた。その際、日本語担当教員は、「日本人と中国人の子どもとは区別をしていない」「中国人の子どもたちも頑張れば日本人と同じ力をつけることができる。日本人と同様の、あるいはそれ以上の力をつけたときに中国人の子どもを評価する。これが平等な扱いである」と話していた。このように、日本人と中国人の子どもの平等は、双方を区別せず指導することで

あると考える教師は珍しくない。

　しかし、実際、日本の学校文化の中で中国人と日本人を等しく指導し、評価しようというのは無理がある。それでは、教師の価値基準で外国につながりのある子どもを評価するということはどういうことだろうか。それは、外国につながりのある子どもが模範となる日本人の子どものような生活態度、ことばづかい、学習態度を基準として彼らを評価していこうとすることである。極言すれば、外国につながりのある子どもたちに日本の学校や文化への過度の適応を強いる同化であるとも考えることができる。そのことが、外国につながりのある子どもたちにとって相当なストレスを与えることであることに教師は気づく必要がある。

　以上のことは、日本に限ったことではない。ラドソン－ビリングス（Ladson-Billings, G.）は、アメリカの教師が多様な人種や民族の子どもたちについて理解しようとする意識が低いことを指摘している。例えば、アメリカにおいても、「子どもたちの人種ではなくて、私は子どもに注目している」とか「子どもたちが赤、緑、ポルカドットであろうと私はすべて同じように子どもたちをみている」と言い、すべての子どもを等しく指導していると主張する教師は珍しくない（Ladson-Billings 2009, p.34）。ラドソン－ビリングスは、こうした教師を反人種差別者という仮面を被った「無自覚な人種差別主義者」であると指摘する（Ladson-Billings 2009, p.35）。こうしたラドソン－ビリングスの指摘は、人種や民族による差異に対する配慮に欠けた教師への批判であると考えることができる。これは、子どもの人種や民族にあることば、文化、価値観の違いを認識し、その違いに着目し、彼らの能力を育成する方法を探ることへの必要性への提言であるといえる。ラドソン－ビリングスの主張は、外国につながりのある子どもを指導する日本の教師にとっても外国につながりのある子どもとの関係を振り返る際に意味がある。

2. 在日外国人児童生徒教育に対する京都市の取り組み

京都市は、1981年に「外国人教育の基本方針（試案）」（以下、「試案」と称す）を策定した。策定を契機に、在日コリアンが多く通う京都市南区東九条にある小学校が在日外国人児童生徒教育の研究指定校となり研究・実践を開始した。具体的に、その小学校では、韓国・朝鮮の文化や歴史を教材化し、それぞれの学年の各教科や道徳に位置づける教育課程の開発を行った。そして、1981年には、京都市市立小学校教師によって外教研が組織された。その後、1992年には「京都市立学校外国人教育方針──主として在日韓国・朝鮮人に対する民族差別をなくす教育の推進について」（以下、「外国人教育方針」と称す）が策定される。外教研は、1981年から現在にかけて、「試案」と「外国人教育方針」の考え方に基づいて、京都市の外国人児童生徒教育の実践研究を展開してきた。

外教研は、京都市の小学校の教師を対象とした研究会組織である。その他の在日外国人児童生徒教育に関する全国組織として在日外国人児童生徒教育の実践とその展開に取り組んできたのは、小・中・高等学校の教師が主体となって運営・参加する「全国在日外国人教育研究協議会」（以下、全外教と称す）である。各自治体の研究会としては、外教研のほかに、「奈良県外国人教育研究会」「大阪府在日外国人教育研究協議会」「兵庫県在日外国人教育研究協議会」などがある。全外教を全国組織として、外教研をはじめとする各自治体の研究会に所属する教師は、これまで小・中・高等学校での在日外国人児童生徒教育に関する実践を担ってきた。

各自治体に在日外国人児童生徒教育に関する実践・研究団体が誕生しはじめたのは、大阪において「在日朝鮮人教育研究集会」が開催された1979年ごろからになる[6]。全外教の前身は、1983年に発足した「全国在日朝鮮人教育研究協議会」である。「全国在日朝鮮人教育研究協議会」は、当時の外国につながりのある子どもの中心であった在日コリアンを対象とした教育を考える会として発足した[7]。全外教という名称に正式に変更した

のは2002年である。全外教の名称の変更からもわかる通り、当初の在日外国人児童生徒教育の対象は在日コリアンであった。戦後間もなくから1990年ごろまでは、日本の外国人人口の中で在日コリアンが圧倒的に多かった。こうしたことから、外国につながりのある子どもを対象とした授業実践は、「在日朝鮮人教育」と呼ばれてきたのである。

　本書が取り上げる外教研は、京都市立の小学校教師が自主的に組織する教育実践・研究の団体である。発足以来、外教研に所属する教師は、大きく次の3点に取り組んできた。

- 在日コリアンを中心とした外国につながりのある子どもの民族に関わるアイデンティティの形成
- 日本人の在日コリアンに対する差別や偏見の排除
- 外国につながりのある子どもと日本人の子どものより良い関係づくり

　京都市の場合、「外国人教育方針」に基づいて、実践・研究の方向性を決め、在日コリアンをはじめとする外国につながりのある子どもたちの教育に取り組み、市内において一定の成果をあげてきたといえる。

　外教研は、京都市立の小学校教師が自主的に組織する研究会である[8]。したがって、そこに参加するのは、市内の教員に限定される。全外教の全国大会では、各地域の実践が全国の参加者に向けて報告される。一方、外教研の取り組みは多くの場合、市外へ発信されることはない。全外教に関しては中島をはじめとするいくつかの先行研究があるものの、外教研をはじめとする各自治体の教師を対象とした在日外国人児童生徒教育に関する研究団体は研究の俎上にあがることは少ないのが現状である（中島2005、pp.15-23）。

　外教研の教師は、これまで在日外国人児童生徒に関する授業実践や教材開発など多くの研究・実践を蓄積してきた。こうした教師たちからは、外国につながる子どもの教育を考える際に学ぶべき点が多い。1970年代か

ら行われてきた在日コリアンを中心とした在日外国人児童生徒教育について
は、これまで多くの実践・研究が蓄積されてきた。この実践をどのよう
にニューカマーと呼ばれる1980年代以降増加する外国人児童生徒の教育
につなげていくのか、その成果と方向性を探ることがこれからの教育のた
めにも必要であろう。

3. 在日外国人児童生徒教育の考え方

　在日外国人児童生徒教育は、そもそも、在日コリアンをはじめとする外
国につながりのある子どもに対する差別をなくし、差異を尊重するための
日本の学校に通うすべての子どもたちを対象として行う教育として出発し
た。1990年代に入り、アメリカを中心とした多文化教育の考え方が紹介
されるにつれ、日本でも多文化教育や多文化共生教育といった言葉が用い
られるようになった。しかし、在日外国人児童生徒教育は、そういった言
葉が流行る以前より用いられ、その実践・研究に取り組まれて今日に至っ
ている（方 2012、p.229）。

　例えば、在日コリアンが外国につながりのある子どもとして最も多かっ
た時代、彼らに対する差別や偏見が日本人の子どもたちの間にもあった。
そして、現代であれば、中国、フィリピン、ベトナム、ブラジルといった
様々な国々から来た子どもたちに対する理解を深め、より良い関係をい
かに築くかということは非常に重要な課題である。そこでは、子どもたち
の中にある差別や偏見に気づき、そして他の民族や国出身の人々といかに
より良い関係を築いていったらよいのかについて考えることが必要とされ
る。日本人にとっては、異なる文化をもつ人々との関係の中で自らを問い
直すことでもある。

　一方で、在日外国人児童生徒教育は、在日コリアンをはじめとする外国
につながりのある子どものアイデンティティの形成も重要な目的として位
置づけられている。在日コリアンの子どもたちは、1970年代ごろまで貧

困、不登校による低学力、そして就職差別による進路展望の見通しが立たないなど様々な課題を抱えていた。これらの問題は、相互に関連しあっている。具体的には、就職差別の結果としての貧困、貧困による不就学、そして低学力、進学をめぐる課題などがあげられる。このような社会の周縁に置かれた状況において、在日コリアンの子どもたちは、在日コリアンである自分自身について肯定することはできない。

　日本人による差別や偏見を避けるために、多くの在日コリアンは、出自そして、民族性を隠しながら日本人として生きていく選択をせざるを得なかった。このようにして、在日コリアンであることを隠すことは、結果として出自を否定し、自己を否定することになる。ジョンソンとジョンソンは、安定したアイデンティティを形成することが自己肯定を促すことを論じている（Johnson & Johnson 2002）。このことからわかるのが、肯定的なアイデンティティは、子どもたちの成長と発達に重要な意味があるということである。もちろん、アイデンティティは、民族だけではなく、ジェンダー、職業、考え方など様々なことと関わりがある（Johnson & Johnson 2002）。しかし、教室において圧倒的マイノリティである在日コリアンの子どもたちは、日本人中心の学校文化の中に存在したとき、自らの民族に関わるアイデンティティは揺らぐことになる。

　そのことは、近年増加している中国、フィリピン、ベトナム、ブラジルの子どもたちについても同様である。日本人教師、日本語による日本の文化中心の学級において、外国につながりのある子どもの国や民族に関するアイデンティティは不安定になる。これらの子どもたちが、自分自身の出自を肯定できる国や民族に関するアイデンティティを形成するには、教師はどうしたらよいのか。そのことを考え、学級や教育内容を創造することが在日外国人児童生徒教育の重要な課題である。

4. 在日コリアンの文化と差異の尊重

　外国につながりのある子どもの差異を尊重しようとするのは、1970年代から在日コリアンを対象とした在日外国人児童生徒教育に取り組んできた教師と、その流れを踏まえて新たに研究・実践を行うようになった教師が中心である。それは、京都市の外教研に属する教師も同様である。例えば、外教研で2020年3月まで会長を務めた秋本先生[9]は、1980年代初頭に初任者として在日コリアンが多く通う小学校に赴任した。秋本先生が担任したクラスには何名もの在日コリアンの子どもたちが在籍していた。しかし、子どもたちの多くは通称名（日本名）を名乗り、日本人のように学校に通っていた。そこで秋本先生は、本名を呼び名乗ることのできる、差異を大切にし合える学級づくりを行った[10]。その結果として、秋本先生が1980年代に6年生を担任した時の卒業アルバムの子どもたちの名前の欄には、他のクラスとは異なって多くの本名を用いた子どもの名前が記載されている。その卒業アルバムからは、在日コリアンが在日コリアンであることを明らかにし大切にできる学級づくりが行われていたことがわかる。秋本先生の学級からわかるように、在日外国人児童生徒教育は、在日コリアンが出自に誇りをもち、そのことを大切にできる日本人を育てる教育実践であることがわかる。外教研の教師には、秋本先生をはじめとする教師及び、その考えを引き継ぐ教師によって、外国につながりのある子どもの差異を尊重する教育の意味が認識されているのである。

　京都市の在日外国人児童生徒教育の取り組みは、外教研の研修会で共有される。外教研の研修会は、京都市内の教師たちに対して在日外国人児童生徒教育の教育についての方向性を示す役割がある。外教研の研修会は、一年間に4、5回開催される。近年の動向としては、授業研究会が中心となっている。授業研究会は、年に2回程度行われている。そこでは、外教研の教師が学級活動、道徳や総合的な学習の時間を対象として開発した教材を用いた授業や、日朝関係史に関する6年社会の授業などを実践し、授

業検討会を行う。研修会の案内は、京都市内の小学校に配布される。そこで行われた授業実践は、外国につながりのある子どもの差異を対象にした授業実践を行うためのモデルとなり、京都市の教師が在日外国人児童生徒教育を行うための重要な手がかりとなる。そして2月に行われる研修会では、年度内に行われた授業研究会のまとめの報告が行われる。

　8月には、夏季見学研修会として京都府や滋賀県内の韓国・朝鮮に縁のある地域を訪ねる。その際には、朝鮮通信使の研究者を講師として招き[11]、講義を受けながら日朝関係史を教え教材を開発するための情報を得る。主に、夏季見学研修会は、地域における在日コリアンの歴史について理解を深めることを目的としている。したがって、近年、増加を続けている中国やブラジル、フィリピンと日本との関わりをどのように教えるかというところには至っていない。しかし、日本の中にある韓国・朝鮮の歴史と文化を教えることが、在日外国人児童生徒教育として外国との交流や友好といった側面において、また日本で暮らす外国につながりのある人々について知るための窓口となることを教師が知るためのきっかけとなっている。

　こういった外教研の外国につながりのある子どもの差異の尊重をめざす在日コリアンを対象とした在日外国人児童生徒教育は、京都市内外の外国につながりのある子どもと向かい合う教師が、自らの実践を振り返る一つの手がかりとなる。外教研の取り組みは、そのための成果である。それは、同時に、これからの在日外国人児童生徒教育の成果と、これからの方向性を探るための重要な視点となるのである。

5.　東九条の在日コリアン

　京都市南区東九条では、11月に在日コリアンの文化を中心としたまつり「東九条マダン」が開催される[12]。東九条地域は、京都市の中でも在日コリアンが多く暮らす地域である。2004年に公開された映画「パッチギ！」は、日本人高校生と東九条で暮らす朝鮮学校に通う高校生を中心として描

かれた物語である。映画の舞台は1968年の京都市であり、当時の東九条で暮らす在日コリアンの高校生や彼らの生活が描かれている。

しかし、1960年代の東九条の子どもたちは非常に困難な状況にあった。1960年代、東九条にあった中学校の教師の報告からは、当時の在日コリアンの子どもたちの生活の深刻さを読み取ることができる。東九条の中学校教師であった河合によると、中学2年の長期欠席9名のうち7名が在日コリアンであり、そのうちの2名は家族の生計に役立てるため昼間働いていたという（河合 1962、p.87）。河合は、次のように述べている（河合 1962、pp.87-88）

　　私たち欠席生徒の報告は〝嫌学〟〝親の無理解〟〝貧困〟等でかたづけられてしまうところであるが、これ等の朝鮮の子供が学校にいかない生活の背景には、深い差別の根がある。朝鮮の親たちは、子どもに勉強をさせたいという欲はとても強い。（中略）けれどもその日その日が食べていくのが精一杯の生活は子供の事を見ることができない。（中略）差別の根を掘り起こし、朝鮮人生徒としての自覚が生まれてこなければ、学校にきても、机の前で辛抱しているだけで又もとの状態になってしまう。

このように、就職差別、住居差別をはじめとする様々な差別が貧困を招き、結果として子どもたちに十分に勉強できる環境を与えることができない状況になっていた。そういった状況において、教師は、在日コリアンであることを自覚し、現状を変えていける力をつけることが必要であると考えていたのである。このことは、在日コリアンであることによって社会的に不利な立場に置かれるという否定的な意識を克服し、自尊感情を抱くことなしに、積極的に学習に取り組むことはないという主張でもある。

前述した秋本先生を含めた外教研の中核となる教師には、在日コリアンが多く通っていた東九条にある小学校に勤務していた経験がある。そこ

で、教師たちは、在日コリアンの子どもたちの日常や学校での状況と向かい合いながら、在日コリアンが自らの文化を学び民族の肯定的なアイデンティティを形成することの意味を見いだしていく。同時に、教師は、日本人の子どもたちが韓国・朝鮮とのより良い出会いができるような教材を開発することの必要性を認識していったといえるであろう。京都市の在日外国人児童生徒教育の発展は、在日コリアンが多く暮らしていた東九条の小学校の中で子どもたちと関わってきた教師の経験とそこで育まれた課題意識に支えられてきたのである。

　大阪市生野区、川崎市川崎区桜本など在日コリアンが集住する地域は日本にいくつもある。その中でも、東九条という地域の小学校を出発点として、いかにして差異を尊重する教育の意義が明らかにされてきたのかを知ることは意味がある。現在、日本には、外国人人口が5%を超える自治体が約40ある[13]。こういった今日の外国人集住地域の小・中学校の教師も、東九条の小学校で在日コリアンの子どもたちが抱える課題と向かい合った成果から学ぶ点は大きい。

6.　本書の目的と方法

　本書の目的は、1980年代初頭より、在日外国人児童生徒教育に取り組んできた京都市教育委員会が取り組んできた教育実践及び、そこで組織された外教研の研修会での内容に焦点を当てその成果と課題を明らかにする。そのことを通して、本書では、外国につながりのある子どもたちの差異を尊重するとはいかなることなのかを問う。

　京都市教育委員会及び、外教研が展開してきた外国人児童生徒教育である在日コリアンを対象とした教育実践は意味のある成果であると評価できる。しかし、その一方で、課題もある。その成果と課題を整理することは、在日コリアンだけではなく、中国、フィリピン、ブラジルといった近年増加する外国につながりのあるニューカマーの子どもたちをめぐる在日

外国人児童生徒教育につなげていくための重要な手がかりとなる。

　上述した課題について取り組むために、筆者は、2012年から現在までできる限り外教研の研修会に参加してきた。そこで収集した資料は主に次の五つである。

　① 研究集会参加の際のフィールドノーツ
　② 外教研の教師を対象に行った聞き取り調査の録音
　③ 研究集会で配布された冊子
　④ 授業研究会の授業のビデオ及び指導案
　⑤ 外教研のあゆみなど過去にまとめられ配布された資料

　以上の資料に加え、在日外国人児童生徒教育及び多文化共生教育に関する文献、アメリカの多文化教育に関わる資料に基づいて考察することを通して、前述した本論の目的を明らかにする。

　在日外国人児童生徒教育に関する教員研修会に関する先行研究は少ない。大阪府の在日外国人児童生徒について記されている先行研究として稲富（2008）の文献がある。全国在日外国人研究協議会について中島は、全外教で報告された実践記録全724本を分析し、その動向について調査した（中島 2005, pp.15-23）。稲富の先行研究からは、在日外国人児童生徒教育の先駆的な活動を行ってきた大阪府の実践・研究の歴史とその内容を理解することができる。中島の先行研究からは、在日外国人児童生徒教育としてどういった課題が教師の間で認識されてきたのかを全国規模で知ることができる。以上の点において、在日外国人児童生徒教育の一端として明らかにされていると評価できる。しかし、在日外国人児童生徒教育を支えてきた教師によって構成される各自治体の研究会で何がめざされ、研究・実践されてきたのかということについては明らかにされていない。同時に、京都市は、在日外国人児童生徒教育に長年取り組んできたのにもかかわらず、これまで論じられてこなかった。

　本書では京都市教育委員会の在日外国人児童生徒の教育実践について取り上げる。京都市では、1981年には「試案」、1992年には「外国人教育方針」を策定している。在日外国人児童生徒教育に関する方針・指針は、いくつもの自治体が策定してきた。方針・指針については、鄭、朴、金、仲原、藤井（1995）の先行研究がある。鄭らの先行研究は、全国の自治体の方針・指針の策定状況とその内容を明らかにした点では意味がある。しかし、その方針・指針に従って、どういった教育実践が行われているのかという点は論じられていない。そこで、本書は、京都市の方針、方針に基づいた授業実践、および外教研が行ってきた在日外国人児童生徒教育について考察する。

【注】序章

1　在日コリアンは、1910 年の韓国併合によって朝鮮から日本に渡航してきた人々
　　及び、1939 年の朝鮮人労務動員計画以降、労働力不足を補うために朝鮮より
　　動員された人々とその子孫を意味する。近年では日本国籍を取得や日本人と
　　の間に生まれたダブルの子どもも含め、多様化が進んでいる。

2　総務省統計局　http://www.stat.go.jp/data/kokusei/2005/gaikoku/00/01.html　（2019 年
　　9 月 7 日閲覧）

3　ニューカマーとは、1980 年以降日本で暮らすようになった外国人を意味する。

4　近年の全外教の全国大会においても、ニューカマーの子どもたちをめぐる教
　　育についての多くの実践報告がある。

5　埼玉県日本語ネットワーク　http://snihongo.sakura.ne.jp/　（2019 年 9 月 7 日閲覧）

6　全国在日外国人教育研究協議会　http://www.zengaikyo.org/?page_id=5（2019 年 9
　　月 7 日閲覧）

7　同上。

8　その他の研究団体については以下の HP に掲載されている。京都市教育研究
　　団体ホームページリンク　http://www.edu.city.kyoto.jp/sogokyoiku/link/dantai.htm
　　（2020 年 4 月 7 日閲覧）

9　外教研のメンバーの名前は仮名である。

10　2017 年 6 月 9 日（京都市）における聞き取り。

11　日朝関係史学者である仲尾宏が講師を務めている。

12　東九条マダン HP　http://www.h-madang.com/（2020 年 9 月 21 日閲覧）

13　『週刊東洋経済』（2018 年 2 月 3 日号）特集「隠れ移民大国ニッポン」

第1章　京都市小学校外国人教育研究会の教師の経験と教員研修会

1.　京都市小学校外国人教育研究会の活動とねらい

　外教研は、1981年に京都市教育委員会によって発足された小学校教師によって構成される研究会である。外教研は京都市の小学校における在日外国人児童生徒教育の在り方を示し、教育実践を提案し、その現状の課題を提起する役割を担っている。本章では、まず、外教研のメンバーに焦点を当て、どのような教師が外教研に中心的に関わってきたのか、そしてそれらのメンバーがどういった意識に基づいて、在日外国人児童生徒教育の実践・研究に取り組んできたのか、その背景の一端を探る。

　外教研の教師は、研究会に参加し外国につながりのある子どもをめぐる教育についての実践・研究に取り組んでいる。主な活動は、年に約4回の研修会、11月上旬に行われる在日コリアンの文化を中心としたまつりである東九条マダンにおけるシルム[1]の演目の担当及び、2月の「民族の文化にふれる集い」[2]の運営である。外教研に所属する教師は、2019年時点で20名程度である[3]。

　外教研への所属は、任意である。メンバーは、基本的には現職の教師が中心であるが、退職後も関わり続けている場合もある。そして、外教研の教師たちは、1992年に京都市教育委員会が策定した「外国人教育方針」

に基づきつつ、在日コリアンの民族的なアイデンティティの形成、そして彼らに対する差別の排除をめざし、多様な人々が教室、学校、そして地域で共生していくことのできる子どもたちの育成をめざし、研究・実践に取り組んできた。

　京都市には、外教研の他にも、国語、社会、道徳といった各教科、同和教育、環境教育といった教科以外の研究会がある[4]。外教研の教師の中には、同時にその他の研究会に属している教師もいる。そして、外教研への関わり方は、勤務校での仕事とのバランスをとりながら、教師自身の裁量で決定される。その一方で、それぞれの会員には会計、庶務、研究などの役割が割り当てられている。教師の多忙が問題視されるなかで、在日コリアンをはじめとする外国につながりのある子どもたちのためにどういった教育ができるのか、そして外国につながりのある子どもと日本人の子どもが共生できる教育の在り方について、研究・実践に取り組む外教研の教師たちは注目するに値する。

　近年、全国学力テストの結果を踏まえ、学力向上に関心を持ち、そのための学習に取り組むことの必要性を感じている教師は多い。それに加え、2017（平成29）年に小学校学習指導要領が告示されたことによって、学力に関する教師の関心はさらに高まっている。具体的に、学習指導要領には、(1) 知識及び技能が習得されるようにすること、(2) 思考力、判断力、表現力等を育成すること、(3) 学びに向かう力、人間性等を涵養することの三つの柱に基づいて、各教科において学習の充実を図り、子どもたちのこれまで以上に高度な学力としての資質・能力の向上をめざすことが示された。そのための、教科指導の在り方を追求することは教師にとっての重要な課題として認識されているといえよう。

　一方で、京都市は、2019年度の「京都市の目指す子ども像」として以下をあげている[5]。

　　「伝統と文化を受け継ぎ、次代と自らの未来を創造する子ども」―

――歴史に学び、今を見つめ、持続可能な社会の担い手として、多様な
人々と協働しながら、豊かな人生を切り拓き、未来社会を創造する。
〔3つの姿〕

1.　京都が育んできた伝統と文化に立脚し、広い視野と豊かな感性を
　　持ち、よりよい人生や社会を創造できる
2.　学校教育をはじめ様々な学びを生かし、社会的・職業的自立を果
　　たすことができる
3.　多様な他者と共に生き、学び合い、人権文化の担い手となること
　　ができる

　ここで注目すべきであるのが、京都市教育委員会が示した「京都市の目
指す子ども像」の〔三つの姿〕の3「多様な他者と共に生き、学び合い、
人権文化の担い手となることができる」についてである。こうした視点を
京都市教育委員会が明らかにしていることによって、教師は、外国につな
がりのある子どもたち、同和、ジェンダー、障がいといったマイノリティ
の人権に関わる教育に取り組むことができる。

　以上の通り人権教育の重要性が明らかにされている一方で、教師の立場
から考えると、人権教育に積極的に関わり続けることは簡単なことではな
い。なぜなら、前述した通り、各教科における資質・能力向上をめざす今
日の学力向上が強調される学校においては、人権教育に時間を割くことが
難しいという現実がある。同時に、人権教育の成果は、各教科のテストの
点数のように目に見えてわかるわけではない。在日外国人児童生徒教育に
関わる学習の成果は、5年後、あるいは10年後に出会う外国につながりの
ある人との関わりの中で、今日の学習の意味が明確になってくることもあ
る。今日行った人権教育が子どもたちにどのような意味を持つのか、その
検証をすることは簡単なことではない。したがって、在日外国人児童生徒
教育をはじめとする人権教育には、教科指導や学級経営と異なり、教師の
達成感や評価につながるような成果がでにくいという側面がある。

以上のような人権教育の困難さを抱えつつ、外教研に所属する教師は、日常の業務に加え、研究集会へ参加し、在日外国人児童生徒教育に関する実践・研究に取り組んでいる。具体的な活動としては、授業研究会で自ら開発した教材を用いた実践を行い、授業検討会を行うこと、そして8月には見学研修会に参加し在日コリアンを対象とした在日外国人児童生徒教育を実践するための情報を収集することである。当然のことながら、日々の学校での勤務において、教師は多忙を極めている。そして、その仕事は、学級経営、教科指導、保護者対応、校務分掌など実に範囲は広い。そしてそれぞれの場面において教師は、日々、その専門性を高めていかねばならない。こうした一般的な教師の専門性に加え、外教研の教師は、なぜ、在日コリアンをはじめとする外国につながりのある子どもの教育に関する実践・研究を深め、その能力を高めようとするのだろうか。外教研の教師たちのその原点を探求することと、本書で取り上げる教育実践に携わってきた教師について紹介することが本章の目的である。

　本章で、外教研の教師が在日外国人児童生徒教育の実践に意義を見いだすことになった背景について探ることは、外国につながる子どものための教育に取り組む教師を育てるために何が必要であるのかを明らかにする一つの手がかりともなる。そして、ここで明らかにしたことは、在日外国人児童生徒教育に関する教員養成や研修会の在り方を考える際にも意味がある。

　そこで、本章では、外教研を中心的に支えてきた教師を対象に、教師のいかなる経験が在日外国人児童生徒教育に意味を見いだし、その実践に継続的に携わる契機となるのか、外教研に関わる教師たちの考えを明らかにする。そのために、ここでは、外教研で中心的に活動してきた9名の教師と元教師に聞き取り調査した内容を考察する。

2. 在日外国人児童生徒教育の二つの側面

　在日外国人児童生徒教育の教育政策には、二つの側面がある。佐藤は、外国人の子どもの教育政策の特徴の一つとして、外国人の教育政策の二重構造化をあげている。二重構造化とは、1980年代まで中心となってきた在日コリアンの子どもの民族教育や母語教育の問題を解決しないまま、1990年代から増加したニューカマーの子どもたちの日本語教育や適応教育が国の施策の中心となっていったことである（佐藤 2010、pp.134-135）。在日外国人児童生徒教育の二重構造化は、教育実践の中にも存在する。在日外国人児童生徒教育の一つ目の側面は日本語指導である。在日外国人児童生徒教育として日本語指導を論じる研究は、近年増加の一途を辿っている[6]。このことから、多くの人々が、ニューカマーの子どもには、学校生活への適応と学力の保障のためにも日本語指導が重要な課題であると認識されていることがわかる。

　在日外国人児童生徒教育の二つ目の側面は、オールドカマーである在日コリアンの子どもたちをめぐる教育実践である。前述した通り、京都市においては、1992年に「外国人教育方針」が策定された。その中で示された中心的な目的は、「すべての児童・生徒に、民族や国籍の違いを認め、相互の主体性を尊重し、共に生きる国際協調の精神を養う」「日本人児童・生徒の民族的偏見を払拭する」「在日韓国・朝鮮人児童・生徒の学力向上を図り、進路展望を高め、民族的自覚の基礎を培う」である。これらは、在日コリアンだけではなくすべての外国につながりのある子どもたちをめぐる教育の目的として位置づけることができる。しかし、「外国人教育方針」に示されたような外国につながりのある子どもの民族的自覚を培うこと、そして彼らに対する差別をなくし共生するための教育実践について論じた先行研究は少ない。現在、外国につながりのある子どもの教育に関する先行研究は、日本語指導が中心となっているのである[7]。このことから今日の在日外国人児童生徒教育の関心が、日本語教育を中心とした日本語と

適応指導に集中していることが明らかである。

　こうした日本語と適応指導を中心とした在日外国人児童生徒教育を批判的に捉えるための視点として太田の先行研究をあげることができる。太田は、日本の学校には差異を認めない形式的平等教育の傾向があると指摘する。形式的平等教育とは、「外国人・日本人を問わず、すべての者を同様に扱うこと（equal treatment for all）が、教育における『平等』であり、したがって『差別』をしない処遇」ということである（太田 2005、p.63）。太田によれば、形式的平等教育はニューカマーの子どもたちの学習参加や学習達成において不利な状況をもたらしている（太田 2005、pp.63-64）。太田の論に従えば、外国につながりのある子どもたちを日本の学校に適応させようとするだけではなく、出身国や民族のことばや文化を取り入れ、彼らに適した教育の在り方を考えることも教師に期待されていることがわかる。そして、外国につながりのある子どもたちに日本語を用いて日本人と同じような振る舞いをさせることによって学校での成果を期待することは、彼らに多くのストレスを与えることにもなることも忘れてはいけない（太田 2005、pp.63-64）。

　前述した「外国人教育方針」に示された目的は、主に「異なる民族の共生」、「民族的差別の排除」、「民族的自覚の育成」、「進路保障」の四つの視点に分類することができる。これらの四つの視点からわかるのは、在日外国人児童生徒教育が、第一に、子どもたちが出自を否定されることなく進路を切り開いていくことをめざす教育であること、第二に、彼らを肯定し認めることのできる日本人を育てることを目的としていることである。これは、太田が指摘した形式的平等教育とは異なり、外国につながりのある子どもの差異を尊重しようとする考え方に基づいている。外教研の教師は、在日コリアンの子どもの差異を尊重し、彼らにとって必要な教育とは何かを考えながら教育実践を行ってきた。在日外国人児童生徒教育についてのこうした取り組みを行うようになった背景には何があるのか、本章で

は、外教研の活動に中心的に関わってきた教師に焦点を当てて考察する。

3.　京都市小学校外国人教育研究会の教師と活動内容

　ここでは、本章が調査対象とする外教研の活動内容及び、聞き取り調査の概要とその対象とした教師のプロフィールをまとめる。

　本章では、著者が外教研の研究集会に参加を開始した2012年11月から2020年4月までのフィールド調査のデータ及び、教師に対する聞き取り調査のデータを考察の対象とする。

　次に本章が対象とした外教研の9名の教師について解説する。筆者は、2012年から開始した研究集会への参加を通して、外教研に関わる教師を選定した。筆者が選定した調査対象者は、研究集会で実践報告や講演を行ってきた教師または元教師、及び研究集会への参加率の高い教師及び元教師である。聞き取り調査の対象者の詳細については、**表1**「京都市小学校外国人教育研究会のメンバーを対象とした聞き取り調査対象者」にまとめた。聞き取り調査は半構造化インタビューによって実施した。

　外教研において2014年から2019年度末まで中心となっていたのは、外教研会長の秋本先生である。秋本先生は、在日コリアンが多く暮らす京都市南区東九条の小学校に新任の時に赴任したことが在日外国人児童生徒教育を行うきっかけとなった。その小学校の同僚として出会ったのが、石井先生である。石井先生は、大阪府出身であり、1980年代から大阪市の在日朝鮮人児童生徒教育に関する研究会に参加し、その実践・研究の重要性を認識していた。そこで、在日コリアン集住地域の小学校で働き始めた秋本先生に、在日外国人児童生徒教育の考え方を伝えた。

　石井先生は、北村先生と同じ高校の出身であった。二人は、たまたま同じ京都市の小学校の教師となった。ある研修会で二人が再開し、そこで在日コリアンの子どもをめぐる問題について語りはじめ、自主的に在日コリアンに関する研究会を始めた。その後、石井先生と北村先生は、外教研

表1　京都市小学校外国人教育研究会のメンバーを対象とした聞き取り調査対象者

番号	名前	性別	年齢	役職	備　　考
1	秋本先生	男	50代	会長	小学校校長。本名を呼び名乗る教育実践を行う。
2	石井先生	男	60代	広報副部長	外教研の中心となって活動してきた。
3	上村先生	女	60代	庶務	在日コリアンの子どもの少数在籍校で実践に取り組む。
4	江藤先生	男	30代	研究部長	朝鮮学校との交流、社会科での実践を行う。
5	大下先生	男	50代	事業副部長	韓国・朝鮮の伝統楽器の教育実践を行う。
6	鹿島先生	男	60代	なし	研修会で講演や実践報告を行う。
7	北村先生	男	60代	なし	発足当初から外教研に参加してきた。
8	工藤先生	女	50代	なし	低学年を対象とした在日外国人児童生徒教育の教材開発に取り組む。
9	近藤先生	男	30代	事業部長	道徳で外国人児童生徒教育の教材を開発する。

*1　名前は仮名である。*2　聞き取り調査当時の年齢を記した。*3　2017年度の役職を記した。

に所属することになる。石井先生と北村先生は、それぞれが勤める小学校で、在日コリアンをはじめとする外国につながりのある子どもの教育に悩む教員に外教研の参加を促してきたのである。

4.　在日コリアンの子どもと差別をめぐる教師の記憶

　それでは、なぜ、外教研の教師たちは、在日コリアンを対象とした外国人児童生徒教育に関心をもち、研究・実践に取り組むようになったのであろうか。本節では、担任する教室で在日コリアンの子どもと出会い、子どもとの関わりの中で在日コリアンに対する差別について意識し、在日外国人児童生徒教育に対して課題意識をもつようになった5名の教師の聞き取

りを整理する。もちろん、それぞれの教師は、様々な学校の場面で教師としての専門性を育んでいる。そうしたなかでも、なぜ、外教研の教師は、在日外国人児童生徒教育に関わろうとするのであろうか。その背景を探りたい。

　まずは、2020年3月まで外教研の会長を務めた秋本先生である。秋本先生は、会長の期間、小学校校長であった。秋本先生は、新採用の時に東九条にある小学校に赴任した。その時の在日コリアンの子どもたちとの出会いが在日外国人児童生徒教育に取り組む原点となる。

　　秋本先生：大学4年の最後の3月、ひと月を常勤講師で4年の担任をさせ
　　　てもらったんです。その時にクラスに在日韓国・朝鮮人児童が3分の
　　　1から4分の1いて、だけども皆さん通称名だったんです（2017年6月9
　　　日）。

　秋本先生は、本採用の一カ月前である大学4回生の終わりに産休代理で東九条の小学校で常勤講師を務めることになった。秋本先生のクラスに在籍していた在日コリアンの多くの子どもは、通称名を使い出自を隠していた。秋本先生は、その時、子どものころサッカーを一緒にやっていた在日コリアンの友だちのことを思い出した。秋本先生は、サッカーを一緒にやった在日コリアンの友だちに対する差別があったときのことを考えたのである。

　秋本先生は、産休代理を務めた後、本採用で同じく東九条にある小学校に赴任した。秋本先生の学級には通称名を用いる子どもたちがいた。そこで、秋本先生は、本名を名乗れる学級づくりに取り組むことを通して、在日コリアンの子どもと日本人の子どもたちのそれぞれの出自を大切にできる学級づくりに取り組んだ。秋本先生の学級の中には、秋本先生の影響によって通称名から本名に変えた子どもが何名もいた。当時、秋本先生は、20代の教師であったが、在日コリアンの子どもたちとその保護者に向か

い合い、子どもたちが教室で本名を用いることができるようになった。そして、通称名から本名に変更する友だちを受け入れることのできる学級づくりを行ってきたことは、秋本先生の大きな成果であるということができる。ここでの経験が、在日外国人児童生徒教育の原点となるのである。

　次に、北村先生である。北村先生は、1981年に外教研が組織される前から石井先生と共に在日コリアンの子どもたちをめぐる教育に関する研究会を自主的に行ってきた。

　北村先生：（初任の時に担当した5年生のクラスに）奈津子さんという子どもが転校してきたんですけど、その子が在日やったんですよ。であの、その子の家庭訪問に行ったんですけど、オモニ（母親）が出てこられたんですけど、日本語の配布プリントが読めないと言うんです。多分、一世やったと思うんですけど（2013年11月15日）。

　北村先生は、このように在日コリアン一世の保護者やその子どもに対する配慮をすることの必要を感じていた。このように在日の子どもと保護者に寄り添った指導をすべきであると感じる一方で、差別の問題を教室で取り上げることに躊躇することもあった。特に、社会の授業において、在日コリアンに関する内容を、在日コリアンの子どもを目の前にしてどのように教えたら良いのか悩んでいた。「なぜ、在日コリアンの子どもの前で日朝関係について触れることができないのか?」。そのことを心の中で問う中で、北村先生は、自分自身に在日コリアンに対する差別意識があることに気づいた。そのことに気づいたとき、北村先生は、どのように子どもたちに向かい合ったら良いのかを探り始めたのである。こうした気持ちがきっかけとなり、北村先生は、高校時代の同級生であった石井先生と共に、すでに1970年代から在日外国人児童生徒教育に取り組んでいた大阪市の資料を取り寄せて勉強し、実践・研究に取り組むようになった。北村先生は、その後も外教研に参加するとともに、外国につながりのある子どもに

悩む教師に外教研への参加を促してきた。

　工藤先生は、音楽授業の研究指定校に勤めていたことがある。そこで、工藤先生の音楽授業は、京都市のモデルになる授業として選ばれたことがある。その実践は、DVDに収められ、教育センターで閲覧することができる。工藤先生は、学級経営や教科指導を熱心に行う一方で、在日外国人児童生徒教育にも取り組んでいた。

> **工藤先生**：（担任をしていたクラスの在日コリアンの子どもであるさゆりちゃんを）まっすぐ目が見れないっていうか、何か、モヤモヤしていたんですね。自分の中で。で、何かどきどきするし。さゆりちゃんにしゃべりかけられるとどきどきするし。その時点ではなかなか思い出せなかったですね。昔からの、その私の（中略）差別とか、自分の心の中にあるその、差別している私に突き刺さってくるような、突き刺さってはいないんだけど、さゆりちゃんていう存在はすごく大きい（2014年2月24日）。

　工藤先生は、教諭として採用される前に、講師として京都市内の小学校に勤めていた。その際、工藤先生は、在日コリアンの子どもが在籍する教室の担任となった。工藤先生が在日コリアンの子どもについてどのように対応したら良いのか悩んでいると、ある同僚教師は、在日コリアンの子どもに対して特別扱いの必要はないと助言した。そのような同僚教師の反応と自分の中の複雑な気持ちの中で、工藤先生は、在日コリアンの子とどのように関わって良いのかわからずますます戸惑った。在日コリアンの子どもとの関係に悩むなか、まっすぐ在日コリアンの子どもに関われない。次第に、自分自身の中にある差別意識に気づき、それによって在日コリアンとしてのさゆりちゃんとどう関わっていいのかわからなくなることに気づかされる。本採用として工藤先生は別の小学校に勤務することになった。その小学校で、あるとき、在日コリアンの子どもが問題行動を起こした。

そういった状況を目の当たりにし、工藤先生は、どうしたら良いのかを考えていたのである。その時、既に外教研のメンバーであった同僚の北村先生は、工藤先生に外教研への参加を促した。工藤先生の在日外国人児童生徒教育との出会いは、さゆりちゃんと北村先生にある。

　鹿島先生は、外教研に長く関わってきた。退職後は、京都市教育委員会が主催する韓国・朝鮮の文化を介して在日コリアンの子ども、外国につながりのある子こども、日本人の子どもが関わり合える「土曜コリア教室」を開くための取り組みを行った。鹿島先生自身は退職後、大学院で朝鮮学校や在日コリアンの教育に関わる歴史を研究し、その成果を発表してきた。

> **鹿島先生**：最初わからなかったんだけど、その子がつっぱっているっていうか、強がり言っている裏っていうのが、その自分が在日であることを言えない隠すこと（中略）。そういう姿が分かった時ね、ある時に、ある時にね、この子ってこんな苦悩を抱えているのかって。（中略）誰だって知られたくないことある。僕もそうやった小さいころから。（中略）結局、そういうものと重なり合っているっていうのを感じたんかな（2017年7月5日）。

　鹿島先生は、初任者として在日コリアン集住地域の小学校に赴任した。その小学校に7年勤務した。そこでの7年間を通して、鹿島先生は、在日コリアンの子どもが抱える課題を認識し始めた。ここで鹿島先生の話の中に登場する在日コリアンの子どもは、鹿島先生が三番目に赴任した学校で担任した子どもである。出自を隠すために強がる子どもの様子を、鹿島先生自身と重ね合わせた時、差別に怯える子どもの気持ちを知ることになった。こうした在日コリアンの子どもの気持ちに気づいた鹿島先生は、在日コリアンの子どもの違いを大切にできるように、在日コリアン、日本人、それぞれの違いを認め合うことができるような学級経営を行っていった。

　近藤先生は、30代の教師である。近年では、在日コリアンに限らず、フィリピンや外国につながりのある子どもたちの困難への共感を深めることができるような道徳の教材を開発し、外教研の授業研究会の中で提案している。従来の在日コリアンを中心とした授業実践に関する教材から、フィリピンをはじめとするニューカマーの子どもたちに対する共感的理解を深める独自の教材を開発している。

近藤先生：友だちが在日のひとやったんです。それはずっと言わずに、今なってもずっと話してくれなかったんですけど、分かったのが20代中盤くらい（2017年9月8日）。

　近藤先生は、石井先生と同僚であった。近藤先生はクラブ活動で相撲に関わっていた。そこで石井先生が近藤先生に朝鮮相撲のシルムがあることを知らせそれがきっかけとなって外教研に参加するようになった。その際に思い出したのが、近藤先生に対して出自を隠し続けた友だちの存在である。シルムが韓国・朝鮮の文化であることを思うときに、在日コリアンであることを隠し続けた友だちを思い出すことがある。

5.　在日コリアン集住地域の人々との関わりと韓国・朝鮮の文化

　本節では、在日コリアン集住地域での人々との関わり及び、そこでの韓国・朝鮮の文化を知ることが在日外国人児童生徒教育に関わる契機になった4名の教師の聞き取りの内容をまとめる。

　石井先生は、外教研の中心として活躍してきた教師である。外国につながりのある子どもの教育に悩む教師と出会うたびに外教研への参加を促してきた。石井先生は、外教研のメンバーとメンバー外の教師を結ぶ役割を果たした。そして6年社会の日朝関係史に関する教材集を作成し、自ら実践した。

石井先生：カルチャーショックっていうかね、最初の家庭訪問から。（中略）そんな学校行ったんで、この学校の課題は、在日に関わる課題なんやと思って（2013年11月1日）。

　石井先生は、1976年に初任者として東九条にある小学校に赴任した。石井先生が担任したクラスの在日コリアンの在籍率は約30%であった。カルチャーショックということばに表れているように、家庭訪問を通して、当時の在日コリアン集住地域が抱える問題を知るようになる。石井先生は、家庭訪問に在日コリアンの子どもの家に行った際、「先生、水をどうぞ」と出された水が濁っていたのを見た。濁った水を飲む環境で暮らす子どもに寄り添うことの必要性を感じたエピソードである。

　1970年代に石井先生がこうした経験をする中で、在日コリアンに対する差別を問題視した教育に関する研修会や講演会が開かれるようになっていた。同時期に、小沢有作の『在日朝鮮人教育論』（1973年）が出版されるなど、その教育の必要性が明らかにされるようになった。石井先生は、当時勤務していた小学校での在日コリアンの子どもをめぐる教育を実践するために北村先生と自主的に研究会を開くようになった。大阪市の取り組みから学び、京都市の在日外国人児童生徒教育を形作っていった。秋本先生、近藤先生は、石井先生の同僚となりその影響から在日外国人児童生徒教育に取り組むようになったのである。

　上村先生は、大学生の時、セツルメント[8]の活動を行っていた。当初は、同和地区でセツルメント活動を行っていた。その後、同和地区に隣接する東九条に単独で入り、活動するようになっていった。以下は、東九条で活動していた際に、上村先生が在日コリアンからかけられたことばについてである。

　上村先生：ある人にですね、その方は在日朝鮮人の方でしたけれども。

やっぱり俺らは教師になんかなれへんやんか、だからあの、いろんな
学校にね、あんたが出会ったようないろんな子どもがいると。その散
らばってると、恐らく。ここ（東九条）はまだ固まって住んでいる。
（中略）そういう子がいろんなところにいるからね、あんたそういう
ところで学校の先生になってほしいって言われて（2017年7月4日）。

　上村先生は、東九条地域でのセツルメント活動の中で出会った在日コリ
アンに、市内に点在する在日コリアンの子どもの存在を知らされた。教師
となってからは、民族差別を排除するためには、日本人の子どもの意識を
変えることが必要だと考え実践に取り組むようになった。
　江藤先生は、30代の男性教師である。朝鮮学校をテーマとした在日外
国人児童生徒教育を実践してきた。

江藤先生：一人、その2年生やったんですけど、韓国籍の男の子がいて、
　お勉強もちょっと苦手で、何するにも自信がなくて、運動は良くでき
　てたんですけど。で、その子のことをよく知りたいなと思って家庭訪
　問とかに行ったんですけど、なかなか核心を突いた話もできなくて、
　どうしたらいいですかねと相談したときに、こういう研究会（外教研）
　があるから入ってみたらということで（2014年5月2日）。

　江藤先生は、初任者として担任した子どもの一人が配慮の必要な韓国に
つながりのある子どもであった。その子どもが5年生になった時に、江藤
先生が再び担任になった。その際、通称名で通っていた子どもに本名を名
乗るように母親に話をして、本名で通学を開始した。そういった取り組み
の中で、外教研の存在を知り、メンバーとなり研究・実践に取り組むよう
になったのである。
　最後に大下先生である。大下先生は、韓国・朝鮮の民族楽器を東九条で
学び、それを子どもたちに教えてきた。大下先生の特徴は、在日コリアン

の子どもとの出会いというより、韓国・朝鮮の文化との出会いが、子どもたちに韓国・朝鮮の音楽や、在日コリアンの文化の大切さを知らせたいというきっかけになってきたことである。

> **大下先生**：東九条のまつり東九条マダンをはじめてからやね。（在日）外
> 国人（児童生徒）教育に取り組みだしてから（東九条マダンに）出会っ
> たんじゃなくて。（在日外国人児童生徒教育は）後からですよね（2014年
> 5月3日）。

　大下先生は、ムグンファクラブという韓国・朝鮮の文化を学習するクラブ活動の顧問になった。そこで、同じクラブ活動を担当していた同僚の先生に韓国・朝鮮の打楽器であるチャンゴをまつりのための練習の中で学べるという情報を得た。練習に参加するようになってから、大下先生は、楽器の面白さと在日コリアンの人たちとの関わりに意味を見いだし、在日外国人児童生徒教育に取り組むようになったのである。

6．小学校外国人教育研究会へ参加することの意味

　本節では、前述した合計9名の外教研に所属する教師に対する聞き取り調査の内容について、次の三つの視点から考察する。第一は、教師が在日コリアンの子どもを通して、差別の実際を知ることの意味についてである。第二は、同僚との関わりと研修会との関係についてである。第三は、在日コリアンが集住する東九条における人々の考えや文化を知ることの教師への影響についてである。

　まず、第一の「教師が在日コリアンの子どもを通して、差別の実際を知ることの意味」についてである。本章で聞き取り調査の対象とした9名の中の4名の教師が、担任した教室に在籍した在日コリアンの子どもとの関わりの中で、かつてそれらの教師が見聞きした在日コリアンに対する差別

を想起していた。例えば、それは、秋本先生のように、子どもの頃、近しい人物が在日コリアンを差別していたことに対する疑問がよみがえってきた教師もいれば、北村先生や工藤先生のように自分の中にある差別に気づいた教師もいる。教師自身の中にある差別の意識は、どのようなときによみがえるのであろうか。聞き取りによれば、それは、たとえば、教師に対して子どもが出自を知らせるような発言をしたとき、あるいは在日コリアンの子どもの前で日朝関係史を教えるときである。そのとき、教師は、どのように子どもに対応したらよいのか、あるいは在日コリアンの子どもの前で日朝関係史をどのように教えたらよいのか戸惑う。その戸惑いの原因が、彼らに対する差別に関する意識にあることに気づくのである。

　何人かの教師は、通称名で通学する子どもの存在を知った時、あるいは、鹿島先生のクラスの子どものように強がる背景にある子どもの思いを知った時に、教室の在日コリアンの子どもの身近なところに差別の現実があることを認識した。その時、教師は、出自を隠し、差別に怯える子どもや親の気持ちを知るのである。出自を隠すための通称名の使用は、教師が在日コリアンに対する差別について考える大きなきっかけとなったといえる。就職差別や入居差別に始まる様々な差別を回避するために在日コリアンにとって通称名を使わざるを得なかったことは言うまでもない。このような在日コリアンの名前に関わる問題は彼らに対する差別の実際を明らかにする（金 1991、p.108、ハタノ 2009、p.76）。金によれば、差別を回避するために通称名を用いて出自を隠すことは、家族の事情や親を否定することである（金 1991、p.10）。それなのにもかかわらず、多くの在日コリアンは通称名を使ってきた。もちろん、差別を回避する手段として通称名を使うことは、外国につながりのある子ども全てにあてはまるわけではない（藪田 2013、pp.197-218）。しかし、金が指摘するように、差別を回避するために通称名を使用し家族を隠すことは後ろめたさを感じることであり、自己を否定することにもつながることなのである。本章で聞き取り調査の対象とした教師は、在日コリアンの通称名使用を通して差別の問題を認識して

いったのである。

　次に、第二の視点としてあげた「同僚との関わりと研修会との関係について」である。前述したとおり、本章で聞き取りの対象とした教師は、在日コリアンに対する差別を批判的に捉えながらも在日コリアンの子どもたちをどのように指導していけば良いのかについての手がかりがなかった。そういった教師に影響を与えたのが石井先生である。石井先生は、自主的に在日外国人児童生徒教育に関する研究会を開き、在日コリアンの子どもの指導について悩む教師に対して外教研への参加を促した。

　石井先生が影響を受けたのは、1979年に大阪市で発足した在日コリアンの教育について取り組む会であった。その後、1983年には「全国在日朝鮮人教育研究協議会」（以下、全朝教と称す）が発足し、そこでは「本名を呼び名乗る」と「授業に朝鮮を位置づける」という課題が掲げられた（稲富 2008、pp.95-98）。「本名を呼び名乗る」ことは、在日コリアンの子どもの民族的自覚や誇りを育てる一方で、日本人の子どもが彼らに対する差別をなくし、本名を名乗れる状況をつくり出せるような意識に変える取り組みでもあった。同様に、「授業で朝鮮を位置づける」ことは、日本人と在日コリアンが尊重し合う関係を築けるように「朝鮮を正しく認識する子ども」を育てることも目的としている（稲富 2008、pp.96-97）。

　ここで注目すべきであるのは、在日コリアンの差異を尊重することが大阪市及び全朝教の活動の目的となっていたことである。具体的には、子どもたちが在日コリアンであることを隠さずにいられること、そしてそういう学校や学級を創造することのできる日本人の子どもを育てることが在日外国人児童生徒教育の課題として明らかにされるようになってきた。石井先生は、こうした考え方に基づいて、在日外国人児童生徒教育の実践・研究を進めていったと考えることができる。差異を尊重しようとする考え方は、在日コリアンの子どもの問題で悩む教師に対して、石井先生を通して周囲の教師たちに影響を与えていったのである。

　第三に「在日コリアンが集住する東九条における人々の考えや文化を知

ることの教師への影響について」である。江藤先生の経験からも明らかなように、在日コリアンの人々が何を教育に期待しているのかを知ることは、その後の教師の実践・研究に大きく影響を及ぼす。一方で、大下先生のように、東九条で暮らすの人々が伝承する韓国・朝鮮の音楽文化を通して、なぜ、韓国・朝鮮の音楽文化を大切にすることが必要なのかを考えるようになる教師もいる。こうした在日コリアンの考え方と文化を知ることは、在日外国人児童生徒教育に意味を感じる契機となる。

　以上に加えて、注目すべきであるのが、聞き取り調査の対象とした9名中6名の教師が、初任者として赴任した学校で担任したクラスに在籍する在日コリアンの子どもとの関わりの中で、課題意識をもつようになるということである。そして、こうした課題意識を発展させるのが、同僚として外教研に属する教師との出会いである。ここからわかるのは外国につながりのある子どもに対する教師の課題意識に基づいて情報を交流し、実践・研究を行えるネットワークの構築の重要性である。

　本章の聞き取り調査からわかるのは、在日コリアンの子ども、あるいは在日コリアンの人々の教育に対する期待を教師が理解することの必要性である。在日外国人児童生徒教育を実践する際、在日コリアンが何を必要としているのかを知り、それに基づいた教育を展開することは言うまでもない。このことは、視点を変えると、在日コリアンだけではなく、ニューカマーの子どもたちに対しても同様である。ニューカマーの子どもたちをめぐる教育においては、もちろん、日本語指導と日本の社会に適応するための教育は必要であろう。しかし、在日外国人児童生徒教育において大切なのは、在日コリアンをはじめとする外国につながりのある子どもたちを理解し、彼らの必要性に応じた教育を行うことである。このように、1980年代初頭より進められてきた在日コリアンに対する教育とニューカマーの子どもの教育をつなぐことは在日外国人児童生徒の実践における一つの課題である。

【注】第1章

1 シルムは朝鮮相撲のことである。東九条マダンでは、朝鮮相撲の参加者を当日募り、試合を行う。外教研はその企画と実施を行う。

2 在日コリアンや外国につながりのある子どもたちが演目を披露する会である。

3 外教研会長への聞き取り（2017年8月10日）。

4 京都市教育研究団体　ホームページリンク http://www.edu.city.kyoto.jp/sogokyoiku/link/dantai.htm（2019年9月8日閲覧）

5 学校教育の重点2019——京都市の目指す子ども像　https://www.city.kyoto.lg.jp/kyoiku/cmsfiles/contents/0000221/221834/jyuuten2019.pdf　（2019年9月8日閲覧）

6 在日外国人児童生徒教育の先行研究は、ニューカマーの子どもを対象とした論文であり、その中では日本語教育に触れられているものも多い（臼井2005年、2011年、2012年、田巻、原田、若林2009年、若林2014年）。

7 外国につながりのある子どもの人権や文化の尊重をテーマとした在日外国人児童生徒教育に関する先行研究については、例えば、次の論文がある。
磯田三津子（2015）「1980年代初頭における在日コリアンを対象とした外国人教育の特質——『外国人教育の基本方針（試案）』（1981年）と京都市立陶化小学校の校内研究」『埼玉大学紀要　教育学部』64（2）、pp.157-169。福山文子（2012）「権利の視点から見た外国人児童・生徒教育の課題——小学校での授業観察およびインタビュー調査を通して」『Proceedings ——格差センシティブな人間発達科学の創成』20、お茶の水女子大学グローバルCOEプログラム「格差センシティブな人間発達科学の創成」、pp.193-201。

8 セツルメントとは、貧困の地域等で暮らす人々に対し、生活を向上させるために活動する社会運動のことである。

第2章　1970年代の京都市の市民運動と「外国人教育の基本方針（試案）」の策定

1.　在日コリアンをめぐる教育実践の出発点

1981年6月12日、「小学校外国人教育研究会設立総会」が開催された。同年、京都市の在日外国人児童生徒教育の目的と内容を示した「試案」が1970年代からの運動の成果として策定されることになった。「試案」は、当時の外教研の活動の方向性を示してきた。本章では、まず、「試案」が策定された背景及び、その内容を考察し、京都市の在日外国人児童生徒教育が何をめざしてきたのかその考え方の原点を探る。

1970年に大阪市教育委員会が「外国人教育」（昭和45年度学校教育指針）を明らかにしたのを契機として、1990年代までに神戸市、京都市、川崎市などをはじめとする自治体が在日外国人教育方針・指針（以下、方針・指針と称す）を策定した（鄭、金、藤井、朴、仲原1995）。方針・指針は、公立学校において外国につながりのある子どもたちのコミュニティづくりや、彼ら自身の文化や歴史について学ぶ機会を教育課程に取り入れる際に重要な役割を果たしてきた。各自治体の公立小・中・高等学校において、外国につながりのある子どもの文化や歴史を取り入れた授業やクラブ活動等を行う際、この方針・指針は重要な拠り所である[1]。

京都市は、公立学校において方針・指針に従って、外国にルーツのある

子どもをめぐる様々な問題を解決するための教育を行っている自治体のひとつである。1981年の「試案」の策定を契機に、京都市内の小学校では、在日外国人児童生徒教育に関する実践・研究が開始されることになった[2]。1992年には、京都市教育委員会が「外国人教育方針」を策定した。外教研は、「試案」が提出された1981年に発足し、「外国人教育方針」にしたがって今日も研究集会等を通して実践・研究を展開させている[3]。

　在日外国人児童生徒教育は、大阪府、兵庫県、奈良県、京都府、神奈川県などをはじめとするいくつかの自治体で実践・研究が進められてきた。方（2012）は、在日外国人児童生徒教育について、外国人に対する偏見や差別によって本名を名乗りにくいなどの民族的自覚や誇りを疎外されている状況、そして日本の文化や日本語理解が不十分であることによって外国につながりのある子どもたちに生ずる問題に取り組むための教育であると述べている（方2012, p.229）。一方、大阪市は、公立学校で在日コリアンの子どもたちが民族的アイデンティティをはぐくむ教育が困難な状況から、特に、在日コリアンの子どもに対して民族学級[4]を通して民族的な自覚をはぐくむ教育を行ってきた[5]。しかし、大阪市の「在日外国人教育基本方針」を見ると、在日コリアンの民族的な意識を高める教育として限定しているわけではなく、すべての子どもたちの国際理解を深めることをめざす教育であることも明記されている[6]。このように、在日外国人児童生徒教育は、在日コリアンの子どもの差別や偏見の排除を目指して実践されてきた。しかし、その対象範囲は広く、誰を対象にどのような教育実践を展開するのかその概念について整理されてはいないという課題もある。

2. 1970年代における在日コリアンの教育実践と市民運動

　1981年に策定された「試案」は、京都市の在日外国人児童生徒教育を展開するための出発点である。「試案」の策定は、1970年代に京都市で展開された在日コリアンへの差別反対運動によって導かれた。ここでは、在

日外国人児童生徒教育の概念を明らかにするための一つの手がかりとして、「試案」策定に大きく影響した京都韓国学園（現・京都国際学園、以下、韓国学園と称す）に焦点を当て、「試案」の策定の背景を探る。

　韓国学園を支援する市民運動団体は、教育委員会と交渉を行った。1978年に京都市教育委員会は外国人教育研究推進委員会を設置するに至った。「試案」は、こうした経過で設置された外国人教育研究推進委員会によって策定された京都市ではじめての方針・指針である。「試案」策定に至る1945年から1970年代までの在日コリアンの子どもたちの学校教育の状況については松下の先行研究がある（松下 2004、pp.115-136）。公立学校の教員が在日コリアンの子どもたちの支援に意図的な取り組みを開始したのは1970年代後半からであり、その必要性は西日本を中心に市民運動を通して主張されるようになった（松下 2004、p.115、松下 2007、pp.46-49）。本章では、「試案」策定が市民運動の成果であるという松下（2007）の先行研究に依拠し、京都市で1970年代に展開された韓国学園をめぐる市民運動を中心に考察する。

　韓国学園は、京都市在住の有志によって1947年に結成された京都朝鮮人教育会（後に大韓民国京都教育会と改称）を母体として設立された学校である（高 2004、p.18）。2003年には、京都府知事許可を受け京都国際学園に名称を変更した。2004年からは、一条校として中学校、高等学校の教育を行っている私立学校である[7]。1960年、韓国学園は、韓国政府から模範学校建設指定を受けたことを背景に新校舎の建設が必要とされるようになった。1984年には、現在の所在地[8]に新たな校舎が完成した。しかし、それに至るまで、移転を試みた先々で地域住民は様々な方法で建設・移転を拒んできた。こうした、韓国学園の移転をめぐる反対運動、そして反対運動に抗議する市民団体の活動が「試案」の策定を導くことになる。

　韓国学園の新しい校舎の建設・移転は、移転しようとする先々で地域の住民に反対されることになった。その背景には、在日コリアンに対する差別や偏見があった。そういった課題意識から、京都市内で韓国学園建設・

移転を支持するいくつかの運動団体が同時に組織されることになった。その代表的な運動団体が、「京都在日外国人の民族教育を守る会」、「京都韓国学園建設促進連絡会議」（以下、「連絡会議」と称す）、「在日韓国・朝鮮人児童生徒の教育を考える会」である。「連絡会議」のメンバーであった小林牧子は、韓国学園の建設・移転反対の背景には、地域住民の在日コリアンに対する偏見が根底にあると指摘している。その顕著なエピソードとして、小林は、韓国学園建設予定地の近くの学校に勤務していた日本人教師が「韓国学園が来れば、生徒部長のなり手がなくなる」とか、「韓国学園の生徒との間にトラブルが起こる」と当然のように語ったことを報告している（小林 1975、p.202）。これらのことばからは、在日コリアンの生徒が暴力的で攻撃的であり、日本人の子どもに悪影響を及ぼす存在であるという差別や偏見があったことが明らかである。他方で、そういう状況を目の当たりにした在日コリアンの青年は、住民の反対運動の様子について、「教育の対象は生身の人間だというのに、しかも子どもだというのに」と言い、在日コリアンの子どもたちが学ぶ機会を偏見によって阻害されている状況を批判したのである（小林 1975、p.203）。

　そして、この運動は、単に韓国学園建設・移転にとどまらず、在日コリアンの子どもたちの教育の課題についても明らかにされるようになってきた。小笠原によると、1975 年に発足した「在日韓国・朝鮮人児童生徒の教育を考える会」は、在日コリアンの子どもが学校で抱えている問題をテーマに研修会、講演会、シンポジウムなどを開始するようになった。それらの活動の中で、在日コリアンが多数在籍する学校が抱える問題についての報告や、在日コリアンの子どもに対する教師たちの取り組みについて次第に意見が交わされるようになり、在日コリアンの子どもたちをめぐる問題が共有されるようになっていったのである[9]。

　1970 年代の公立学校は、日本の学校という性格から日本人を対象とした教育を行っていることを主張し、必要であれば在日コリアンも日本の公立学校に受け入れることもできるという姿勢であった。したがって、在日

コリアンに対する差別や偏見が存在しながらも、それらの課題に対応する
施策は当時の公立学校には存在していていなかったのである。そういった
在日コリアンをめぐる対応に対する意識の低さが市民運動を通して明らか
となり、1977年に「連絡会議」は、京都市に公開質問状を提出した。そ
の後、京都市教育委員会とのやり取りの中で、「連絡会議」は、在日コリ
アンであることを隠すことなく、在日コリアンと日本人がそれぞれの背
景を尊重しあえる「本名を呼び、本名を名乗る」ことのできる学校づくり
や、在日コリアンが多数在籍する学校における外国人担当の教師を配置す
ることを要求した[10]。その成果として、1978年に京都市教育委員会の中に
外国人教育研究推進委員会が設置され、「試案」の作成準備が開始された
のである。

　韓国学園建設・移転を支持する運動団体の活動を通して、在日コリア
ンの子どもたちの公立学校における問題は教育委員会においても共有され
るようになった。運動団体のなかでも「連絡会議」は、教育委員会と交渉
し、公立学校で在日外国人児童生徒教育を実施するため重要な拠り所とな
る「試案」の策定へと導いたのである。

3.　1960年代から1970年代にかけての在日コリアンの子どもたち

　韓国学園をめぐる在日コリアン差別反対運動が、「試案」策定に至る重
要なきっかけをつくったことは前節で論じた通りである。それでは、当時
の在日コリアンの子どもたちはどのような状況であったのか、その実際に
ついて振り返える。

　京都市南区には、東九条という在日コリアン集住地域がある。1970年
代、東九条は、バラックが立ち並ぶ、低所得の在日コリアンや日本人が密
集して暮らす地域であった（崔1987、pp.15-17）。東九条では、1960年代か
ら1970年代にかけていくつもの火災が起こった。バラックやアパートが
密集し、狭い道幅のなかに廃品などが置かれたこの地域は、火災が発生す

ればすぐに火がまわり、多くの人々が被災した（崔1987、p.21）。

　1976年4月19日に発生した東九条の大火災をきっかけに、東九条地域の青年やその地域の問題に関心のある若者が「東九条青年会」というグループを組織し、市の行政に対して地域改善に向けた運動を展開した（東九条地域生活と人権を守る会　1982、pp.3-10）。「東九条青年会」の前身は「前進会」と呼ばれる地域の青年で組織されたグループである。「前進会」は、1970年代に機関紙『九条思潮』を発行しており、メンバーそれぞれが子どものころを振り返った作文を綴っている。その中には、東九条で暮らしていた子どもたちがどのような状況に置かれていたのかを知る手がかりとなる以下のような作文がある[11]。

　　　子どものころぼくは、家が貧しいのでオモチャもなく、河原や公園でばかり遊んでいたことを覚えています。ぼくも新聞配達をしたりいろいろなアルバイトをやりました。（中略）ぼくも12歳ごろからだんだんぐれだしました。（中略）やがて中学に入学し、その入学式に先生とケンカをするくらい悪くなりその後も何度かケンカをしました。よくケンカはやったけれども、ぼくはその先生が一番好きでした。

　この作文には、その他に、小学生のころに父親が亡くなり、母親が大変苦労したことが記されている。そして、小学生でありながら、この作文の著者は新聞配達をして家計を助けていた。しかし、小学校高学年になるころには、非行がエスカレートする様子が描かれていた。『九条思潮』には、その他にも子どもの頃の貧困、非行からの更生といった自分自身を振り返る作文が綴られている[12]。そしてそれらの青年の更生の一つの手段が、運動団体「前進会」での活動だったのである（東九条地域生活と人権を守る会1982、p.7）。

　先に引用した作文の内容からもわかるように、在日コリアンの子ども自身は「その先生が一番好き」と言う。このように彼らには学校や教師に対

する高い期待がある。しかし、在日コリアン集住地域の抱える問題、彼らに対する偏見、貧困という問題が混在した状況の中で、在日コリアンは学ぶことに専念できる状況ではなかったといえる。ところが、「試案」策定の前まで、こうした在日コリアンの非行、不就学、低学力といった問題は、民族差別と関連付けて当時の学校では取り組まれることはなかった。民族差別の観点から、在日コリアンの問題に取り組まれたのは、「試案」策定以降のことである。

4. 「外国人教育の基本方針（試案）（1981年）」の内容

「試案」において注目すべきであるのは、「外国人児童・生徒の問題行動も補導一般として性格づけ、民族差別の観点からする指導となっていない傾向が強い」ことが指摘されたことである（外国人教育研究推進委員会1981、p.2）。このことが「試案」において公に認められたのは、韓国学園を支持する市民運動団体が行ってきた教育委員会との交渉の成果といえる。「試案」において、非行や不就学の原因が民族差別にあり、民族差別の解決に取り組むことが、在日コリアンの子どもたちが抱える問題を解決することにつながることが認められたことは重要な進展である。ここでは、市民運動を背景に作成された「試案」の内容について検討する。

「試案」は、「はじめに」、1「目的」、2「内容」、3「指導上の留意点」、4「教育体制」で構成されている。「はじめに」では、1979年に京都市教育委員会の中に設置された外国人教育研究推進委員会が行った調査を踏まえ、市内の在日コリアンの子どもの以下の5つの問題点が明らかにされた（外国人教育推進委員会1981、p.1）。それは、（1）長欠率、問題行動率が中学生で高くなり、その数は日本の生徒の2、3倍であること、（2）学習成績は上薄下厚の分布を示し、高校進学率は84.9％であること（市全体平均92.6％）、（3）小・中学校合わせて要保護率は、13.4％（全市の4.5倍）であり、準要保護率は8.9％（全市の1.4倍）であること、（4）利害対立や感情的

もつれが生じたとき、在日コリアンの児童・生徒に対する日本人生徒の賤視・蔑視の言動があること、(5) 本名（母国音）を名乗るものは小学生の0.5%であり、日本語読みでも2.4%という状況であることについてである。

　以上の5つの問題を解決するためには、在日コリアンの子どもたちを支援し、在日コリアンとしての自尊感情を育てる取り組みを行うべきであることは言うまでもない。それに加えて、「試案」においては、在日外国人児童生徒教育が「単に外国人児童・生徒のみを対象とするものではなく、日本人児童・生徒をも対象とする」と記された。このことから、在日外国人児童生徒教育が、在日コリアンに対する差別や偏見の排除に向けた日本人のための教育でもあることがわかる。

　それでは、以上の問題に取り組むためにどのような目的・目標と内容を設定したのだろうか。「試案」の内容は、**表2**「京都市『外国人教育の基本方針（試案）』（1981年）の目的・目標と内容」にまとめた。「試案」における在日外国人児童生徒教育の中心となる目的は、在日コリアンに対する差別をなくすことである。目標は、在日コリアンが民族意識を養うこと、そして彼らを尊重する日本人の育成であることがわかる。「試案」の内容は、「外国人児童生徒」「日本人（児童）生徒」「保護者」の3つに分類して記されている。その内容は、以下の三つに整理することができる。(1) 日本と韓国・朝鮮の関係から歴史を学ぶ。韓国・朝鮮の文化を学ぶこと、(2) 日本社会に存在する差別に気づき、差別を排除するための知識・技術を育てること、(3) お互いの主体性を尊重し、それぞれが将来の展望をもち課題解決に取り組むことのできる能力を育てることである。

　以上の3点からは、在日コリアンの子どもが在籍する学級において、どのような教育内容を構成し、どのように学級づくりを行ったら良いのか、その目標がみえてくる。(1) は、教科に関する内容であり、社会、国語、音楽、図工など様々な教科の中に、韓国・朝鮮の歴史や文化を取り入れた学習内容を構成することである。(2) は、主に道徳や学級活動の中で取り組むことができる。例えば、なぜ、在日コリアンが本名を名乗れないのか

表2　京都市「外国人教育の基本方針（試案）」（1981年）の目的・目標と内容

【目的】外国人教育は、今日、日本の社会に存在する在日韓国・朝鮮人に対する民族差別をなくすことを目指す教育である。
【目標】 （1）外国人児童・生徒の民族的自覚の基礎を培う （2）日本人児童・生徒の民族的偏見を除去し、国際協調の精神を養う
【内容】 　1）外国人児童・生徒に対する内容 　　（1）在日韓国・朝鮮人の民族としての歴史的社会的立場を認識させる 　　（2）自らの力で進路を切り拓き、課題を解決していく能力と態度を養う 　2）すべての児童生徒に対する内容 　　（1）日本と朝鮮の歴史的な関係及び今日的課題について学習させ、文化的交流の深さの認識とともに、民族差別の歴史的社会的背景に関する科学的理解を深める 　　（2）日本の社会に存在する民族差別の実態に着目させ、差別をなくしていく態度を育てる 　　（3）広い視野から、他民族の伝統・文化の主体性を尊重し、人間の尊厳と平等を希求する態度を育てる。特に、外国人児童・生徒と日本人児童・生徒が、相互の主体性を尊重し、高め合う態度を育てる 　3）保護者に対する内容 　　（1）民族差別の不当性と社会の中からすべての差別をなくすことに関しての認識を深める

*外国人教育研究推進委員会（1981）『外国人教育の基本方針（試案）』、pp.3-5 をもとに作成した。

といったことをめぐる話し合いは、道徳や学級活動の中で行うことができる。(3) は、学級経営に関わる課題である。(3) の中には、主体性という言葉がある。主体性は、アイデンティティに支えられている。安定したアイデンティティとは、どのような場面においても、そして時が経ち環境が変化しても、揺るがない自分を維持できることである（Johnson & Johnson

2002, p.29）。在日コリアンについて言い換えれば、それは、在日コリアンである自分を隠すことや、うしろめたさを感じることなく一貫して自分らしく生きていくことである。そのためには、在日コリアンであることが周囲の人々から肯定されることが必要である。なぜなら、その結果として、彼らの民族に関するアイデンティティは安定するからである。こうした安定したアイデンティティは自分自身の理想に向けた現在、そして未来を構築するための行動につながる。

　以上の通り、「試案」策定以降、京都市の教師には、お互いを大切にし合える日本人と在日コリアンとの関係を築くことを学級に求めるようになり、そのための活動や教育内容を構想し、実践することが求められるようになったのである。

5.　1980年代における京都市教育委員会の取り組み

　それでは、1981年の「試案」が明らかにされてから、1992年3月に京都市教育委員会が「外国人教育方針」を策定するまでの在日外国人児童生徒教育にはどのような成果が生まれたのであろうか。

　1978年、「試案」の策定に向けて、京都市教育委員会の中に設置された外国人教育推進委員会は、在日コリアンの子どもたちに関する調査を行った。続いて、1990年には、「外国人教育方針」の作成に向けて、1979年の調査項目と対応させ在日コリアンの子どもを対象とした実態調査を実施した。以上の調査について外教研・調査資料委員会は、『京都市立小学校における「外国人教育」この10年の状況——1979年〜1990年の調査を基に』において、1978年と1990年に行われた調査を比較し、「試案」以降の在日外国人児童生徒教育の成果を整理している。

　調査項目の大きな柱は、1「児童について」、2「学校の取り組みについて」、3「保護者について」である。外教研・調査資料委員会の報告書を概観すると、「試案」策定後の大きな成果は、1「学校の取り組みについ

て」の調査の（1）「学校としての外国人教育の取り組み」の①「公務分掌の位置付け」である。1978年には、在日外国人児童生徒教育に関する公務分掌の位置付けが9.0%であったのが1990年には100%となっている。そして②「いつから」公務分掌が校内で位置付けられたのかについては、「試案」が明らかになった翌年の1982年（199校中42校）が最も多く、次に1983年（199校中31校）である。そして、④「取り組みの内容」では、「絵本（民話）や文化物を紹介する」、「学芸会で朝鮮の歌を演奏する」、「教科・道徳で素地指導を行う」、「6年社会外国人教育に関わる単元の指導」の中で在日外国人児童生徒教育が行われるようになったことが報告された。

　以上のような進展が明らかにされた一方で、在日コリアンの子どもたちをめぐる教育において改善されてこなかった問題があることも指摘された[13]。それは以下の3点である。第一は、長欠率、問題行動の数の差は日本人の子どもと縮小はしているものの在日コリアンの子どもが上回っていることである。第二は、在日コリアンの高校進学率は、89.7%であり全市の平均95.3%より下回っていることである。第三は、本名を韓国語の発音で用いる子どもの数はわずか2.2%にすぎないことである。

　第一の長欠率、問題行動、第二の進学率は、「試案」においても問題として指摘され、改善点とされていた。しかし、これらの2点に関しては、「試案」以降の10年間の取り組みにおける進展は見られなかった。第三に、本名の使用については、1978年の調査では0.5%であったが、1990年には2.8%に増加した。本名を日本語の発音で呼ぶ子どもの数は、1978年には2.2%であったのが6.8%となった。双方を合計すると、9.6%の在日コリアンの子どもが本名を用いるようになったのである。1990年の本名の使用率は、1978年の調査（0.5%）よりは増えたものの、依然として少ない。このことは、本名を名乗ることによって不利益を被る、あるいはいじめられる不安が背景にあることを示している。このように継続する在日コリアンをめぐる問題を踏まえ、1992年に「外国人教育方針」が策定されることになる。

表3 「京都市立学校外国人教育方針」（1992年）の目標と内容

【目標】

（1）すべての児童・生徒に、民族や国籍の違いを認め、相互の主体性を尊重し、共に生きる国際協調の精神を養う。

（2）日本人児童・生徒の民族的偏見を払拭する。

（3）在日韓国・朝鮮人児童・生徒の学力向上を図り、進路展望を高め、民族的自覚の基礎を培う。

【内容】

（1）人権に関わる学習を中心に、人間の尊重についての考え方を深めさせるとともに、国際的な広い視野から、他の民族や国の文化や伝統を尊重することの大切さについての学習を通して、その違いと主体性を認め、互いに尊重し合い、共に生きることが大切であることを認識させる。

（2）日本とアジアの近隣諸国との近現代史を正しく理解させ、明治以降太平洋戦争に至る日本の侵略がこれらの国々に多大の損害を与えたことを踏まえ、今日の日本がこれらの諸国との友好親善を一層進めることが大切であることを認識させる。

（3）日本が行った植民地政策等の歴史的事実について学習させるとともに、固有の文化をもち独自の発展を遂げた朝鮮の歴史と、古くから日本と政治、経済、文化等の面で深い交流があった朝鮮の歴史が日本の歴史に大きな影響を与えたことを学習させ、日本との歴史的な関係について正しく認識させる。

（4）日本の社会に存在する在日韓国・朝鮮人に対する民族差別の実態に着目させ、民族的偏見や差別は人権尊重の立場から許されないことを認識させて、在日韓国・朝鮮人児童・生徒と日本人児童・生徒が相互の主体性を尊重し、高め合い、共に生きる態度を育てる。

（5）各教科、特別活動等において、朝鮮の文化・芸術、生活等に触れる学習の機会を計画的に設け、豊かな朝鮮文化について正しく認識させる。

（6）民族学校等の児童・生徒や在日するその他の外国人との交流の機会を拡充し、相互理解を深めさせる。

（7）在日韓国・朝鮮人児童・生徒には、教育活動全体を通じて指導の焦点化を図る中で、

① 基礎的・基本的な内容の指導を徹底し、自己実現を図るために主体的に課題を解決していく能力と態度を育てる。

> ② 日朝関係史や朝鮮文化の学習を通して、民族の歴史や文化の価値について認識を深め、民族としての自覚と誇りを高める。
> （8）民族差別の不当性と社会の中からすべての差別をなくすことに関し、保護者の認識を深める。

*京都市教育委員会『京都市立学校外国人教育方針──主として在日韓国・朝鮮人に対する民族差別をなくす教育の推進について』平成4年3月、p.6をもとに作成した。

　方針の内容は、**表3**「『京都市立学校外国人教育方針』（1992年）の目標と内容」としてまとめた。「試案」との相違点は、次の4点にまとめることができる。第一は、「試案」に記されてきた目的がなくなり、目標が二つから三つになったことである。新しく設定された目標の中では、「すべての児童・生徒」ということばが用いられた。方針・指針は、主に在日コリアンの差別をめぐる問題の解決をめざして始まった。しかし、1992年の「外国人教育方針」においては、在日コリアンと日本人の子どもの異なる民族や国籍の人々を尊重することのできる知識や技能を育成する公立学校に通うすべての子どものための教育であることが明記された。

　「試案」と「外国人教育方針」の相違点の二つ目は、「外国人教育方針」において、「国際協調」、「国際的な広い視野」というように、国際的なコミュニケーション能力の獲得について強調していることである。在日外国人児童生徒教育は、地域やクラスの中の外国にルーツのある子ども、特に、在日コリアンの子どもに対する差別をめぐって登場した。そのことは、「試案」策定の背景からも明らかである。それに加え、「外国人教育方針」では、在日外国人児童生徒教育が韓国・朝鮮だけでなく様々な文化を持つ人々との良好な関係を築くことのできる国際的な知識と技能を習得するためにも意味があることが示された。

　第三の相違点は、在日外国人児童生徒教育の内容が具体的に記されたことである。その内容としては、韓国・朝鮮の独自の歴史、そして近現代史における近隣アジアと日本との関係から歴史といった6年生社会科に関連

する内容が記された。次に、各教科、特別活動における韓国・朝鮮の文化・芸術等の学習である。このように、「外国人教育方針」には、韓国・朝鮮をめぐる歴史、文化、芸術を教育課程全体に在日外国人児童生徒教育の内容を位置づけることができることが明記された。このことは、京都市の方針・指針における重要な進展である。

　第四の相違点は、「主体性」あるいは「主体的に」という言葉が4カ所で用いられており、このことばが重要視されるようになったことである。前章において、「主体性」が揺らぐことのない安定した自己を意味するアイデンティティに支えられていることを論じた。そしてそういった安定したアイデンティティ形成には、在日コリアンであることが肯定される在日コリアン同士、そして日本人との人間関係が必要である。このように「外国人教育方針」では、在日コリアンとしての自分であり続けるためにお互いが認め合える学級づくりや教育内容を構成することがより強調されるに至ったのである。

6. 「京都市立学校外国人教育方針（1992年）」に向けて

　本章では、京都市において展開された韓国学園建設・移転を支持した市民運動団体の活動と、それに伴って策定された「試案」及び、「外国人教育方針」を通して、在日外国人児童生徒教育の概念について検討した。

　「試案」策定は、1970年代、韓国学園建設・移転を反対する地域住民に対して、学園を支援する側の市民運動団体によって導かれた。市民運動団体の中でも「在日韓国・朝鮮人児童生徒の教育を考える会」に参加した教師は、蔑視、貧困、不就学、非行といった在日コリアンの子どもたちが学校で抱えている問題を明らかにしていった。これらの教育問題を改善するために、「連絡会議」は、1977年より教育委員会との交渉を開始した。その成果として、1981年に誕生したのが「試案」である。このように韓国学園をめぐる運動は、京都市の公立学校における在日外国人児童生徒教育

をスタートさせる重要な契機となったのである。

　こうして明らかにされた「試案」における在日外国人児童生徒教育の考え方は、次の4点にまとめることができる。第一は、京都市の在日外国人児童生徒教育が、在日コリアンに対する差別をなくすことを目指す教育から始まったということである。具体的には、在日コリアンの子どもの学力の向上、進学率を高め、自分自身の将来を主体的に選択することのできる力を育てることである。第二は、在日外国人児童生徒教育が在日コリアン、日本人の双方の子どもを尊重することを目的としていることである。外教研の研修会では、「本名を呼び名乗れる教室」というテーマに基づいてこれまで行われてきた[14]。本名を名乗ることをためらわせることのないように在日コリアンの人々の暮らしや文化・歴史を認めること。そして、それによって在日コリアンの子どもたちが自分自身を大切にできることが在日外国人児童生徒教育の究極的な目的である。第三は、在日外国人児童生徒教育の教育内容が韓国・朝鮮の文化、歴史（特に、近現代史）、芸術を教材として学習するように提案されたことである。これらを各教科、特別活動の教育課程に取り入れる。その際、在日外国人児童生徒教育としての特別な授業を行うのではなく、社会で近現代史の学習において在日コリアンの歴史を学ぶことや、日本の民話を学ぶ時に韓国・朝鮮の民話を盛り込んで教育内容を構成することで実践することができる。第四は、「国際協調に向けた姿勢を育てる」が、特に日本人の子どもが外国にルーツのある人たちと出会ったとき、協働できる能力を意味しているということである。この能力は、在日コリアンに限らず、日本の国内、あるいは様々な国の人々と関わることのできることである。在日外国人児童生徒教育は、在日コリアンに対する差別排除だけではなく、外国の人々といかに良好な関係を築くことができるのかを学ぶことのできるものでもある。このことは、特に日本人の子どもが在日外国人児童生徒教育としての学習に参加することの意義として示されている。

【注】第2章

1　例えば、2014 年 2 月 11 日（火）「第 46 回兵庫県在日外国人高校生交流会——大阪コリアタウンフィールドワーク」が兵庫県高等学校朝鮮文化・多文化研究部（会）連絡会、兵庫県在日外国人教育研究協議会の主催で行われた。

2　京都市立陶化小学校では 1981 年から 3 年間にわたって在日外国人児童生徒教育のカリキュラム開発と実践・研究を行った。研究主題は「外国人教育を通して認め合い、自らを高める子に」である。

3　元陶化小学校の教員で京都市外国人教育研究会のメンバーである小栗栖直樹へのインタビュー、2012 年 1 月 12 日（土）京都市。

4　朴正恵は、「朝鮮にルーツを持つ子どもたちを対象に、祖父母、父母の出身国の言葉や歴史、文化を学び、同じ立場の子どもたちと共につながりあうことによって、民族的アイデンティティを育み、自尊感情を形成する場である」と述べている（2008 年、p.3）。京都市の民族学級は、平成 21 年度（2009 年度）より「コリアみんぞく教室」と呼ばれている。

5　大阪市教育委員会（2001）『在日外国人教育基本方針——多文化共生の教育をめざして』。

6　同上。

7　学校法人京都国際学園「沿革」https://kyoto-kokusai.ed.jp/jp/info#ContSubBox03（2019 年 9 月 7 日閲覧）

8　現在は京都市東山区にある。

9　小笠原亮一「京都『考える会』の歩み」pp.30-35。（小栗栖直樹所蔵資料）

10　前掲書。

11　労働運動研究会編『九条思潮（二）』pp.4-5。

12　前掲書には、「前進会」メンバーのうち 7 名の子どもの頃に関する作文が掲載されている。

13　京都市教育委員会『京都市立学校外国人教育方針——主として在日韓国・朝鮮人に対する民族差別をなくす教育の推進について』1992 年 3 月、p.2。

14　2000 年度から 2005 年度の京都市外国人教育研究会の研修会では、「本名を呼び名乗ることのできる学級・学校づくりを進めよう」をテーマとしている。

第3章 「外国人教育の基本方針（試案）（1981年）」と京都市立陶化小学校の教育実践

1. 京都市立陶化小学校の校内研究

　在日外国人児童生徒教育は、在日コリアンへの差別撤廃をめざして1970年代にはじまった教育実践である。その教育実践は、自治体が策定した方針・指針に基づいて、神奈川県や西日本の公立学校を中心に今日まで継続されてきた。前章で論じた通り、京都市は、1981年に「試案」を策定してから今日まで在日外国人児童生徒教育の研究・実践を展開してきた数少ない自治体のひとつである。

　そこで注目すべきであるのは「試案」策定後、間もなく在日外国人児童生徒教育の研究・実践に取り組んだ京都市立陶化小学校（以下、陶化小と称す）である。陶化小は、在日コリアンの集住地域である京都市南区東九条にあり、「試案」が策定された1981年に校内研究として市内ではじめて在日外国人児童生徒教育に取り組んだ小学校である。陶化小の校内研究では、韓国・朝鮮の民話、あそび、日朝関係史が在日外国人児童生徒教育のための教材として開発された。

　1981年の陶化小の校内研究に携わった教師は、後に外教研の研修会や教材開発における中心的な存在として活躍した。そして、2014年度から2019年度の外教研会長を務めた秋本先生は、大学4年の3月に陶化小で常

勤講師をつとめた経験がある。その時の陶化小での経験が在日外国人児童生徒教育に関わる原点となる。このように、1980年代初頭に行われた陶化小の校内研究は、京都市の在日外国人児童生徒教育を支える教師を育てる重要な役割を担ったといえるであろう。

　1970年代から1980年代には、日本人と在日コリアンの間には、差別や偏見をめぐる様々な問題が存在した。こうした在日コリアンをめぐる問題が明らかにされる中、陶化小の教師は、日本人と在日コリアンの間に民族差別のない関係を築くことに焦点を当て、韓国・朝鮮の文化や、日朝関係史を学ぶことを通して在日コリアンの人々を尊重する基礎となる実践を行った。陶化小の校内研究では、京都市の在日外国人児童生徒教育の出発点であり、今日の京都市の在日コリアンをテーマにした在日外国人児童生徒教育において用いられている教材の開発や授業実践が先駆的に取り組まれた。

　以上のように、1980年代初頭に行われた陶化小の校内研究が、京都市の在日外国人児童生徒教育に与えた影響は大きい。しかし、これまでの京都市を対象とした在日外国人児童生徒教育に関する先行研究は、在日コリアンの子どもたちを対象とした民族教育に関する論考が主であり、民族差別を排除し、公立小学校で日本人と在日コリアンのより良い関係を構築するためにどのような教育実践を小学校で行ってきたのかについて詳細に論じられていない（中島1981年、松下2004年）。

　そこで、本章では、在日コリアンと日本人の間にある民族の違いによる蔑視やいじめの排除をめざして取り組まれた陶化小の在日外国人児童生徒教育の特質を教材と教育内容の観点から明らかにする。そして、陶化小の在日外国人児童生徒教育の成果と限界を明らかにし、これからの教育実践の在り方について提案する。そのために、本章は、以下の手続きに従って論を進める。第一は、「試案」策定までの経緯に基づいて校内研究が行われた背景を明らかにすること、第二に、「試案」で明らかにされた在日外国人児童生徒教育の目的に従って、陶化小で開発された合計82の指導計

画を分析し考察すること。第三に、アメリカの多文化教育の考え方に基づいて、陶化小の校内研究の成果と限界を明らかにし、これらの在日外国人児童生徒教育の課題を提案することである。

2. 1970年代における陶化小学校の教師

　陶化小の在日外国人児童生徒教育に関する校内研究は、1981年から1983年にかけて行われた。在日外国人児童生徒教育の校内研究が行われていた1982年における陶化小の在籍児童数は約530名であり、そのうちの約200名が在日コリアンであった（小栗栖1982、p.24）。当時の在日コリアンは、貧困、不登校、問題行動、いじめといった様々な課題を抱えていた。これらの課題は、在日コリアンの偏見によって形成された不安定なアイデンティティ、そして就職差別による貧困など、子どもたちの問題行動の要因は民族差別と深く関わっていたのである。ところが、陶化小で在日外国人児童生徒教育が行われるまで、京都市の公立学校では、在日コリアンの子どもたちに関わる問題行動は、補導問題として捉えられ、民族差別の観点から、それらを解決するための取り組みを行ってこなかったのである。

　公立学校の日本人教師が在日コリアンの子どもに組織的に関わるようになったのは1955年に都立朝鮮学校が廃止されて以降のことである（松下2004、p.125）。1970年代まで日本人教師の役割は、在日コリアンの子どもを朝鮮学校の門まで連れていくことと考えられており、公立学校で在日コリアンに関わる問題にいかに取り組むべきかについて明確な方向性は示されていなかった（松下2004、pp.125-129）。一方で、1979年の調査によると、京都市における在日コリアンの公立学校入学率は85.4%であり、民族学校（朝鮮学校）に行くことを選択しない在日コリアンの子どもや、民族学校に通わせない保護者も多かった（松下2004、pp.125-126）。こうした状況から、多くの在日コリアンは、公立学校に通っていたのにもかかわらず、彼らに対する教育の在り方があいまいなまま日本人と同じ教育を行うという実態

を生み出していたのである。

　公立学校で在日外国人児童生徒教育が具体化されたきっかけは、1970年代の在日コリアンに対する差別をめぐって各地で起こった市民運動にある。こうした市民運動は、1960年代の部落解放運動の影響によって起こり、在日コリアンの国籍、在留資格、就職、教育等における差別問題に取り組まれた（稲富著、中村編 2008、pp.45-46）。教育における注目すべき動向は、大阪で1971年に「公立学校に在席する在日朝鮮人児童・生徒の教育を考える会（考える会）」（以下、「大阪・考える会」と称す）の結成準備集会が開かれたことである。「大阪・考える会」は、在日コリアンに対する排除・差別意識に対する教師の責任とその克服をめざして組織された（稲富著、中村編 2008、pp.50-51）。

　京都市においても、1970年代より、在日コリアン集住地域における若者による市民運動をはじめ、在日コリアンの暮らしや教育に対する改革運動が開始されるようになった。韓国学園をめぐる市民運動で活動した人々は、「日本人の民族差別・排外意識を日本人の手で具体的に変えていこう」という考え方に基づいて、在日コリアンの教育における差別を日本人によってなくす意思を次第に共有していったのである。「大阪・考える会」に続き、この市民運動に携わった人々は、京都市において「京都在日韓国・朝鮮人児童生徒の教育を考える会」（以下、「京都・考える会」と称す）を組織した。「京都・考える会」は、第2章で論じた通り、行政との交渉を通じて「試案」の策定を導いたのである。

　1980年代、陶化小の教諭であった小栗栖直樹は、市民運動と連動しながら教師中心の研究会「考える教師の会」を組織した。「考える教師の会」は、「京都・考える会」と「大阪・考える会」の活動が相まって発足した在日外国人児童生徒教育の必要性を共有する教師の会であった。当初、「考える教師の会」のメンバーは、5、6名と小規模であった。定例会では、例えば、高麗美術館の創立者である鄭詔文や在日コリアンの町内会長等を講師として招いた定例会を自費で行い、韓国・朝鮮の文化について、そし

て在日コリアンが直面している問題について学ぶ機会を設けていた。こうした「考える教師の会」の定例会をきっかけとして、京都市の公立学校の教師は、在日コリアンに対する差別の実態を把握し、韓国・朝鮮の文化を教えるための活動を開始したのである。

　校内研究が開始する前年度の1980年、陶化小では、在日外国人児童生徒教育が提案され、その実践が少しずつ開始されていた。そして、「試案」が明らかにされた1981年には「人権尊重の精神に基づき、民族に対する偏見や差別をなくし、外国人児童の民族的自覚の素地を培い、すべての児童に人権の尊さと国際理解の精神を養う」ことを基本的な考えとして、研究主題「外国人教育を通して、みとめあい、自らを高める子に」を設定し校内研究を開始した。その具体的取り組みは、研修の充実、素地指導（民族的自覚を育て、差別・偏見を除去する基礎内容）に関わる指導計画の作成、環境整備の充実でありその中でも教育課程の開発と授業実践に研究の重きを置いていた。こうした研究課題に基づいて開発されたのが本章で分析対象とする指導計画である。

3.　「外国人教育の基本方針（試案）」と在日外国人児童生徒教育の教育課程

　陶化小では、1981年度から1983年度にかけて行われた校内研究において82の指導計画を開発した。本節では、校内研究で開発された82の指導計画を「試案」の内容に基づいて考察し、校内研究における在日外国人児童生徒教育の特徴を明らかにする。「試案」では、次の2つが在日外国人児童生徒教育の目標として設定された。それは、（1）外国人児童・生徒の民族的自覚の基礎を培う、（2）日本人児童・生徒の民族的偏見を除去し、国際協調の精神を養うである。さらに、「試案」では、（1）外国人児童・生徒、（2）すべての児童・生徒、（3）保護者の三者を対象に、前掲した目標に対応する内容を記した。その内容は、**表4**「『試案』の目標と内容」

の通りである。【資料1】「陶化小学校の在日外国人児童生徒教育（1981年から1983年）」は、分析した結果をまとめたものである。本節では、陶化小の在日外国人児童生徒教育の特徴を明らかにするために、**表4**の（1）「外国人児童・生徒」、（2）「すべての児童・生徒」の中に記されたそれぞれの目標と内容がどのように指導計画に取り入れられているのかを通して、陶化小の在日外国人児童生徒教育の特徴を整理する。

表4 「試案」の目標と内容

（1）外国人児童・生徒 　　①在日の民族としての歴史的社会的立場を認識する、②自ら進路を切り開き、課題解決する能力を育成する。 （2）すべての児童・生徒 　　①日朝関係史を通して差別の背景を理解する、②差別の現状を知り、差別をなくす態度を育てる、③他の民族の伝統・文化を尊重し、相互を尊重し合う態度を育てる。 （3）保護者 　　①民族差別の不当性を知り、差別を排除するための認識を高める。

＊『外国人教育の基本方針（試案）』1981年、外国人教育研究推進委員会、p.5 を基に作成。

　まず、陶化小の在日外国人児童生徒教育は、在日コリアンの子どもを対象とした実践ではなく、在日コリアンと日本人の双方の子どもたちに対して行われるものであるということである。具体的には、【資料1】にまとめた82のうち、55の指導計画が（2）「すべての児童・生徒」を対象とした③「他の民族の伝統・文化を尊重し、相互を尊重し合う態度を育てる」ことをめざす内容であった。その中でも、日本と韓国・朝鮮の共通点を知ることで、韓国・朝鮮の文化に親しみを持たせようとする指導計画が14ある。日本と韓国・朝鮮の交流を学習内容としたものは、10の指導計画である。その他の31の指導計画は、韓国・朝鮮独自の文化の面白さを民話、歌、絵などを通して知ることを目指している。こうした実践に関して

は、在日外国人児童生徒教育の素地指導としてすべての教科、特別活動の中に取り入れるべきであることが示されている。(2)「すべての児童・生徒」を対象とした③「他の民族の伝統・文化を尊重し、相互を尊重し合う態度を育てる」の内容に当てはまった55の指導計画は、教室内の日本人と在日コリアンの人間関係の改善をめざして構成されたと考えられる。

　それでは、これらの指導計画が開発された当時、陶化小の教師は、在日コリアンの子どもたちをめぐってどのような問題を捉えていたのか、校内研究に携わった当時の陶化小教諭の小栗栖直樹は次のように述べている[1]。

　　　試案によると、在日外国人児童生徒教育は、民族差別をなくす教育であると唱えている。そして、日本人児童から差別・偏見を除去し、朝鮮人児童（韓国籍も含む）には、民族的自覚の基礎を培うことを目指している。しかしながら、過去から現在に至るまで、児童の間で、差別的な言動があったり、深刻ないじめもおこっているのが実態である。

　ここから理解できることは、当時、在日コリアンに対する日本人の子どもたちの差別的な発言や、在日コリアンの子どもが集団化し問題を起こすといった深刻な問題が存在していたことである。資料の中の82の指導計画のうち55の指導計画が (2)「すべての児童・生徒」を対象とした③「他の民族の伝統・文化を尊重し、相互を尊重し合う態度を育てる」の内容であった背景には、小栗栖が述べた通り、教室内で差別やいじめのない在日コリアンと日本人がより良い人間関係を構築することが意図されていたことがわかる。

　そして、陶化小の在日外国人児童生徒教育が実施されている教科については、表5「学年と教科ごとの分類」にあるように、国語と社会が中心であったことがわかる。国語では、日本民話や物語の単元に朝鮮民話を取り入れ、日本の民話との共通点を学ぶことや民話に描かれた独特の世界を知

ることによって、韓国・朝鮮に対する否定的なイメージを克服することを目指していた。社会では、低学年において韓国・朝鮮と日本の暮らしの違い、産業の共通点、織物・染色等の伝統産業の交流を学ぶことで韓国・朝鮮を身近に感じることを目的とした実践が行われた。

表5　学年と教科ごとの分類

	国語	社会	図工	音楽	家庭	道徳	学活
1年	6	4	1	1	-	1	0
2年	3	3	1	1	-	2	1
3年	4	2	1	2	-	2	4
4年	4	2	1	1		0	3
5年	4	5	2	0	0	0	1
6年	2	14	2	0	1	0	1
合計	23	30	8	5	1	5	10

　陶化小の在日外国人児童生徒教育で特徴的であるのは、6年社会に（2）「すべての児童・生徒」を対象とした①「日朝関係史を通して差別の背景を理解する」学習が位置づけられていることである。こうした日朝関係史と在日コリアンの現在を関わらせた学習は、（1）「外国人児童・生徒」を対象とした①「在日の民族としての歴史的社会的立場を認識する」の目標を具体化した実践もある。この指導計画では、韓国併合、創始改名を通して、なぜ、在日コリアンが日本にいるのか、本名を名乗れないのかについて理解できる内容となっている。この学習を通して、日本人の子どもが在日コリアンの置かれている状況とその背景を知ると共に、在日コリアンの子どもが自分自身のルーツについて理解を深めることもできる内容である。

　指導計画をまとめた【資料1】には、分析結果の中に「その他」の欄を設けた。「その他」に分類した20のうち6事例が戦争に関わる内容を扱っていた。その他の7事例は、「やさしさの大切さを知る」や「先入観や外

見だけで人を判断しないようにする」といった韓国・朝鮮の文化や歴史と
関連しない内容についての学習であった。

　以上から、陶化小の在日外国人児童生徒教育の特徴は、次のように三
つにまとめることができる。第一は、陶化小の在日外国人児童生徒教育が
在日コリアンと日本人双方の子どもに対して行われているものであり、韓
国・朝鮮に対する否定的な意識を改善することを目指す内容を構成してい
たことである。第二は、韓国・朝鮮に対する肯定的な意識を形成するため
に、民話、暮らし、産業、音楽等についての日本と韓国・朝鮮との共通点
と相違点、あるいは日本と韓国・朝鮮の交流関係が学習内容とされていた
ことである。第三は、日朝関係史を通して在日コリアン自身が日本で暮ら
すことや通称名を使うことの理由について理解できる内容を設定していた
ことである。

4.　陶化小学校の教育課程の特質

　本節では、校内研究で開発された典型的な三つの指導計画を取り上げ、
教材と内容を検討することを通して、陶化小の在日外国人児童生徒教育の
成果を明らかにする。そのために、ここでは、アメリカの多文化教育の教
育課程の分類に関する考え方を用いて考察する。多文化教育は、アメリカ
をはじめとする多民族国家で発展した考え方であり、マイノリティの人々
に対する差別や偏見を排除し、多様な人々とより良い関係を創造できる知
識と技能を育成することをめざす。この考え方は、近年、日本の教育にお
いても、在日コリアンの文化や歴史の伝承を要求する人々、ニューカマー
の子どもたちの教育に取り組む教師等によって用いられている[2]。ここで多
文化教育の考え方を用いるのは、第一に、多文化教育と在日外国人児童生
徒教育の間には多様な国や民族出身の人々との平等を目指し、それらの
人々のことばや文化を教材とした授業実践を行っているという共通点があ
ること、第二に、アメリカの多文化教育に関してはその授業実践のモデル

が分類整理されており、そのモデルを用いることによって日本の在日外国人児童生徒教育の特徴が明らかになるからである。日本では、まだ在日外国児童生徒教育に関する授業実践を分類・整理された先行研究はない。そのため、本書ではアメリカの多文化教育の授業を分類したモデルを用いる。

アメリカの多文化教育の授業実践のモデルは、グラントとスリーター（Grant, C. A. & Sleeter, C. E.）によって整理された。グラントとスリーターは、多文化教育に関する授業実践を五つに分類してその特徴を示している。それは、「例外的な子どもと文化の異なる子どもの指導」（Teaching the Exceptional and the Culturally Different）、「人間関係」（Human Relations）、「単一集団についての学習」（Single-Group Studies）、「多文化教育」（Multicultural Education）、「多文化的な社会正義を目指す教育」（Multicultural Social Justice Education）である（Grant and Sleeter 2010, pp.62-69）。

陶化小の在日外国人児童生徒教育は、その中でも、「人間関係」と呼ばれる実践との共通点が多い。「人間関係」は、1970年代以降、アメリカやヨーロッパの国々でも行われてきた教育実践である（Sleeter & Grant 2009, pp. 86-87）。スリーターとグラントによると、このアプローチの目的は、「生徒間の肯定的な感覚を創造し、偏見を軽減すること」である（Sleeter & Grant 2009, p.85）。このように、「人間関係」は、偏見や差別を排除することで少数派と多数派の関係を改善するものであり、多様な人々と共に活動できる知識と技能を育てることを目標とした教育実践である。

それでは、「人間関係」に関する目標は具体的にどのように陶化小で実践されていたのであろうか。【資料1】にまとめた82の指導計画の中から陶化小の在日外国人児童生徒教育の典型的な事例である（1）1年「おむすびころりん（トラよりこわいくしがき）」、（39）3年「学級指導・本名を大切にしよう」、（71）6年「社会・『近代の日本』（日清・日露の戦争）」を取り上げ「人間関係」のアプローチの観点から考察する。

（1）1年国語「おむすびころりん（トラよりこわいくしがき）」の単元で用いられた教材は、朝鮮民話「トラよりこわいくしがき」である。ここで教

師は、日本民話「おむすびころりん」の単元の最後に「トラよりこわいく
しがき」を教材とした指導計画を作成した。この指導計画は、44名中14
名が在日コリアンという教室で実施された[3]。14名の中には、自分自身が在
日コリアンであることを知っている子どももいる。他方で、日本人の子
どもたちは、在日コリアンとは何なのか、そして韓国・朝鮮の文化につい
ては詳しく知らない。そういった教室の状況を踏まえ、韓国・朝鮮につい
て肯定的なイメージを与えることをめざして指導計画が構想された。教師
は、韓国・朝鮮の情報として「韓国は日本に一番近い国であること」、「朝
鮮という名称について」、「朝鮮の民話にはトラが多く出てくること」を知
らせる[4]。そして、日本にも韓国・朝鮮にも民話があるという共通点を通し
て、子どもたちは、韓国・朝鮮に親しみを抱いている。

　この指導計画は、日本と韓国・朝鮮との共通点を知らせることによっ
て、子どもたちが描く韓国・朝鮮についての否定的なイメージを修正する
ことを試みている。具体的には、この指導計画で注目すべきであるのは、
「日本と同じように韓国・朝鮮にも民話がある」、「日本と韓国・朝鮮には
同じような言い伝えがある」といった共通点を強調して、韓国・朝鮮に対
する肯定的なイメージづくりに取り組んでいることである。スリーターと
グラントによれば、こうした双方の共通点を知らせることは、いずれかの
文化が劣っているというような優劣の感覚を修正することができる（Sleeter
and Grant 2009, p.103）。この考え方に基づけば、この実践では、韓国・朝鮮
と日本との共通点を示すことで優劣の感覚を修正することに取り組んでい
たと考えられる。この事例のように、陶化小の指導計画は、韓国・朝鮮に
対するイメージの転換を意図する実践が中心である。特に低学年における
在日外国人児童生徒教育は、韓国・朝鮮に対する肯定的なイメージを印象
付けることを目的とした実践が行われていたことが特徴である。

　次に、（39）3年「学級指導・本名を大切にしよう」について考察する。
この指導計画は、在日コリアンの子どもが、本名を名乗れない状況を改善
することを目的としている。教材は、韓国・朝鮮の100の姓一覧表「全朝

鮮の多い姓とその読み方」と、韓国併合の当時を描いた物語「本名について——なぜ、朝鮮人に2つの名前があるのか」である。この物語は、日本人の役人と3人の韓国・朝鮮人が登場する。物語の中では、韓国・朝鮮人が日本人の役人に日本名を強要される様子が描かれている。授業は、日本名を用いることを強いられる状況において、「もし、あなたが、金さん、朴さん、崔さん、鄭さんだったらどんな思いでしょうか」、「朝鮮人は、自分の本名のことを、どう思って生きてきたのでしょうか」の二つの発問を通して授業が展開される[5]。この発問から、この指導計画が日本人の子どもたちが、名前を変えざるを得なかった韓国・朝鮮人の気持ちを理解することを目的として構想されたと考えることができる。この学習は、在日コリアンの人々も通称名を用いなければならない辛い現状があることを知らせるきっかけとなっている。

陶化小において1、2年生のとき、在日コリアンの子どもたちは、在日外国人児童生徒教育の実践や民族学級の内容を知る活動を通して、韓国・朝鮮に対する良いイメージを形成する活動を行ってきた。その成果として、出自を明らかにしたい、本名を知りたいという在日コリアンの子どもも現れる[6]。一方、日本人の子どもたちは、在日コリアンの本名を聞き慣れなさから、違和感を示す子どももいた[7]。この指導計画では、韓国・朝鮮の姓の響きに馴染むこと、そして日本の姓を名乗る原点が韓国併合にあることを学び、友だちが本名を名乗ったとき受け入れることができるようにすることをめざしているのである。

この指導計画の特徴は、本名を名乗れない辛さについて、当時の韓国・朝鮮人の立場に立って考える活動を取り入れていることである。この授業のように、他者の経験を擬似体験することのできる活動は、人々の社会的距離を縮小させ、共感性を高めることができる（Sleeter and Grant 2009, p. 109）。「人間関係」のアプローチにおいて、スリーターとグラントは、異なる文化集団の経験を擬似体験することによって、彼らが抱える問題を知ることができるのと同時に、偏見を軽減することができると述べてい

る（Sleeter and Grant 2009, p. 109）。この考え方に従えば、陶化小で行われた韓国・朝鮮人の経験について考える活動は、彼らへの共感的な理解を促すだけではなく、在日コリアンと日本人の社会的距離を縮小する可能性もある。

　最後に（71）6年「社会・『近代の日本』（日清・日露の戦争）」について考察する。この指導計画は、日清・日露戦争を経て韓国併合へと至る歴史についての学習である[8]。この指導計画は、12時間で構成される単元「近代の日本」の中の韓国併合についての2時間の授業である。この指導計画では、反日義兵団の行動や反日運動の回数・人数などの資料を教材として用い、韓国・朝鮮における民衆の抵抗の様子について理解を深める内容が設定されている。ここでは、日清・日露戦争における日本の勝利に注目するのではなく、韓国併合によって多くの韓国・朝鮮人が日本にわたったこと、そして日本名を名乗る原点が創氏改名にあることを通して、在日コリアンの歴史に発展させる内容を構成していた。この指導計画は、日本人の子どもに、在日コリアンが日本にわたってきた原点となるのが韓国併合であることを知らせる。こうした知識は、差別的な状況に置かれてきた在日コリアンを歴史を通して理解することで、今日の差別を考える重要な手がかりとなっている。またこの実践は、在日コリアンの子どもにとっても意味がある。自分自身の民族について肯定的な意識がないと、人々は、その民族同士、良好な関係を築こうとしない（Sleeter and Grant, 2009 p.98）。在日コリアン同士、肯定的な関係を築くためにも、なぜ、在日コリアンが日本で暮らすようになったのかその歴史的経緯について適切な情報が必要なのである。

5.　1980年代初頭における陶化小学校の在日外国人児童生徒教育の成果と課題

　陶化小の校内研究では、韓国・朝鮮の文化と日朝関係史の学習を通し

て、在日コリアンに対する偏見を軽減し、異なる民族がより良い関係を構築することを目的とした指導計画を構想していた。これらの教育実践は、校内研究の重要な成果として評価することができる。しかし、当時の陶化小の在日外国人児童生徒教育には限界もある。それは、「試案」の目標（1）「外国人児童・生徒」②「自ら進路を切り開き、課題解決する能力を育成する」と、（2）「すべての児童・生徒」②「差別の現状を知り、差別をなくす態度を育てる」の二つの目標に基づいた指導計画の作成と、その実践が行われていなかったことである。この二つの目標は、日本人が在日コリアンへの理解を深めることを通して差別の軽減を実現し、その結果として在日コリアンが主体的に自らの将来に向けて行動することができることであると考えられる。この目標を具体化するのであれば、日本人と在日コリアンが共に活動し、差別のない学校文化づくりに参加できる教育実践について考えることが必要となってくる。

　1980年代の陶化小の在日外国人児童生徒教育の課題は、スリーターとグラントの社会構造の平等に向けて活動することのできる市民の育成をめざす「多文化的な社会正義をめざす教育」の考え方から明らかにすることができる。スリーターとグラントは、多文化教育としての教育実践を五つのアプローチに分類している。

　陶化小の指導計画は、五つのアプローチの中の「人間関係」が中心である。「試案」の中で挙げられていた民族差別をなくすための態度の形成については、「人間関係」だけでは到達することは困難である。その際、五つのアプローチの中でも、「多文化的な社会正義をめざす教育」に注目することができる。このアプローチの特徴を要約すれば、それは、差別のない社会づくりに参加するための知識と技能を養う教育実践である。このアプローチには、大きく三つの特徴がある（Sleeter & Grant 2009, pp.210-218）。第一は、民主主義を実践することのできる能力を育成することである。ここでは、民主主義について理解するだけではなく、日常の様々な出来事が民主的であるかどうかを評価することのできる批判的思考を育てる。第二

は、自分自身が置かれている状況を批判的に捉えることである。これは、子どもたちの日々の経験における民族などの差別に関わるトピックを批判的に捉え、それらの中の問題点を明らかにすることである。第三は、社会活動の技能を育成することである。そのために、抑圧や差別をなくすためのシミュレーションやロールプレイングを通して行動するための態度を育てることが必要となってくる。そして、このアプローチは、民族に限定するのではなく、ジェンダー、階層、人種といった問題も教科横断的に取り上げ、教育内容を構成する。また民族、人種といったように人々を集団にするだけではなく、そこに所属する個人の多様性にも目を向ける。「多文化的な社会正義をめざす教育」は、子どもたちの学校や地域における日常の問題と関連づけながら差別をめぐる問題について批判的に捉え、差別をなくすための方策を子どもたち自身が明らかにしていくのである。

　陶化小の校内研究では、韓国・朝鮮の文化に対する肯定的イメージを構築すること、そして日朝関係史を通して在日コリアンを理解するための学習を行っていた。日本人と在日コリアンがよりよい人間関係を形成し共に差別の克服をめざす学校文化を創造するのであれば、そのための教育実践の在り方を考える必要がある。その際、スリーターとグラントの「多文化的な社会正義を目指す教育」は意味がある。このことが1980年代初頭における陶化小の限界である。一方で、こうした課題からは、これからどのように在日外国人児童生徒教育を進めていけばよいのかを今、わたしたちが学ぶことのできる内容が含まれている。

6.　これからの在日外国人児童生徒教育の教育実践に向けて

　陶化小の校内研究では、二つの特徴のある実践を行っていた。第一は、子どもたちが韓国・朝鮮に対する肯定的なイメージを形成することのできる民話、歌、遊びなどの教材を用いた実践を行っていたことである。第二は、日朝関係史を教材として、在日コリアンが日本に存在する背景や、本

名を名乗れない現状について、その歴史から理解を深めることである。陶化小では、これらの教材を通して、在日コリアンに対する差別や偏見を排除し、蔑視やいじめのない学校づくりを試みていた。こうして1981年に「試案」が策定されたのと同時に開始した陶化小の校内研究には重要な意味がある。

　今日、在日外国人児童生徒教育において、様々な国につながりのある子どもたちをめぐる実践や研究が積み重ねられている。本章で明らかにした陶化小の校内研究の成果と課題を踏まえると、これからの在日外国人児童生徒教育の課題は、次の2点にまとめることができる。第一は、陶化小の校内研究で取り組まれたように子どもたちにつながりのある国に対する偏見を軽減することのできる教材を開発することである。1990年代に入って、京都市の小学校では陶化小の校内研究で開発された教材と同じ韓国・朝鮮の遊びを取り入れた実践を行った。その実践の中で、日本人の子どもは、その遊びを「面白かった」と言い、そのことに対して在日コリアンの子どもは嬉しかったといったという感想を述べた[9]。このように、外国にルーツのある子どもの国の教材を用いてその良さを知ることは、日本人がその国に対する肯定的なイメージを構築することができるのと同時に、外国につながりのある子どもたち自身の自尊感情にも影響を及ぼす。第二は、差異を認めながらも、異なる国にルーツのある人々と良きパートナーとして協働できる学校文化の構築が必要である。その際に、スリーターとグラントの「多文化的な社会正義をめざす教育」の考え方を取り入れた授業実践を行うのは今後の在日外国人児童生徒教育の課題でもある。

【資料1】　陶化小学校の在日外国人児童生徒教育（1981年から1983年）

番号	学年	教科/特別活動・単元(主題)名	教　育　内　容・目　標	※(1)	※(2)	※その他
1	1	国語・おむすびころりん	朝鮮民話「トラよりこわいくしがき」を読み朝鮮に親しむ。		③	
2	1	国語・大きなかぶ	朝鮮民話「おばあさんのとらたいじ」を通して日本と朝鮮の類似点に気づく。		③	
3	1	国語・てんぐとおひゃくしょう	朝鮮民話「トケビとけちけちじいさ」を読み朝鮮にも伝説の魔物がいるのを知る。		③	
4	1	国語・花いっぱいになあれ	朝鮮の童話、絵本を読み朝鮮の子どもたちの様子を知る。		③	
5	1	国語・ひさの星	美しい心を持つ人の尊さを知る。			○
6	1	国語・モチモチの木	人間の素晴らしい行動が優しさから生まれることを知る。			○
7	1	社会・がっこうの一日	どこの国にもあいさつがあることを知る。		③	
8	1	社会・がっこうたんけん	民族学級への関心を高める。		③	
9	1	社会・わたしのうち・がっこうからかえって・うちのしごと	家族によって食生活に違いがあることを知る。韓国の食べ物を知る。		③	
10	1	社会・あそびとくらし	朝鮮の遊びにふれ、国によって遊びが異なることを知る。		③	
11	1	図工・おはなしのえ	朝鮮民話に描かれた風景、トラ、民族衣装などを見て、朝鮮に親しみをもつ。		③	
12	1	音楽・あそびながらうたいましょう	朝鮮語のうたを歌い、言葉の響きに親しむ。		③	
13	1	道徳・みんななかよく	朝鮮民話「青がえる」を読み、朝鮮でも親孝行を大切にしていることを知る。		③	
14	2	国語・赤いろうそく	朝鮮民話「気のいいトラ」を読み朝鮮に親しみをもつ。		③	
15	2	国語・かわいそうなぞう	戦争は人間の幸せを壊すものであることを知る。			△

16	2	国語・かさこじぞう	朝鮮民話「さんねんとうげ」を読み朝鮮に親しみをもつ。	③	
17	2	社会・田や畑で働く人々	朝鮮も米を主食としており、米づくりが盛んなことを知る。	③	
18	2	社会・海で働く人々	朝鮮も漁業に従事している人が多く、漁業が盛んなことを知る。	③	
19	2	社会・郵便の仕事をする人々	朝鮮への郵便物が多いことを知る。朝鮮の代表的な名前を知る。	❸	
20	2	図工・お話をきいて	朝鮮民話の話（「鬼のチョッキ」）を絵で表現し、朝鮮に親しみをもつ。	③	
21	2	音楽・楽しくうたおう	朝鮮語の歌をうたい、その響きに親しむ。	③	
22	2	道徳・世界の子どもが（人類愛）	国境を越えた助け合いの気持ちを育てる。		○
23	2	道徳・なかよく（信頼・友情）	友だちと仲良くし、互い励ましあおうとする。		○
24	2	学級指導（図書館指導）・花さき山	やさしさの大切さを知る。		○
25	3	国語・いろいろな本を読もう（朝鮮民話）	朝鮮民話を読み感想をもつ。外国の民話に興味をもつ。	③	
26	3	国語・母さんの歌	朝鮮人も数多く被曝しており今日も苦しんでいることを知る。		△
27	3	国語・ふえをふく岩（朝鮮民話「トラたいじ」）	朝鮮の情景を想像し、朝鮮民話と日本民話の類似点を見つけ親しみをもつ。	③	
28	3	国語・夕鶴（朝鮮民話「仙女のはごろも」）	朝鮮民話の文章の美しさを知る。日本民話との類似点を見つける。	③	
29	3	社会・京都市のうつりかわり	織物、染色などの伝統産業には多くの朝鮮人が従事してきたことを知る。	❸	
30	3	社会・市民のつくりだすもの（京都の産業）	織物、染色は朝鮮から伝えられ、技術者の交流があったことに気づく。	❸	

31	3	図工・物語の絵	朝鮮の話を絵に表現する。朝鮮に親しみをもつ。		③	
32	3	音楽・メヌエット長調（鑑賞）	伽那琴を通して朝鮮の音楽に親しみをもつ。		③	
33	3	音楽・ポロネーズ（鑑賞）	朝鮮民謡を通して朝鮮の音楽に親しみをもつ。		③	
34	3	道徳・わけへだてなく（公平・公正）	自分の利害や好き嫌いにとらわれず、相手の立場を理解して仲良くする。			○
35	3	道徳・人を愛する心（人類愛）	言葉や風習の違いを理解し、朝鮮の友だちに親愛の気持ちをもち仲良く助け合う。		③	
36	3	学級指導・友だち(1)(2)	先入観や外見だけで人を判断しないようにする。			○
37	3	学級指導・朝鮮のくらしと日本のくらし	朝鮮の風俗習慣や行事を知り、日本との類似点と相違点を考え、朝鮮の人々の暮らしを正しく知る。		③	
38	3	学級活動・日本の遊びと韓国の遊び	日本と朝鮮の遊びの類似点を知り双方の国のつながりを知る。		③	
39	3	学級指導・本名を大切にしよう	朝鮮人には二つの名前があることを知る。友だちの本名を知り大切にする。朝鮮民族が本名を大切にしていることを知る。		③	
40	4	国語・一つの花	戦争が個人の権利と幸福を奪うことを知る。			△
41	4	国語・言葉の学習——漢字の音と訓	中国、韓国といった国でも漢字を使っていることを知る。		③	
42	4	感想をくらべて	お互いに相手の立場や考えを大切にする態度を育てる。			○
43	4	国語・あいさつの言葉	朝鮮の挨拶の言葉を知る。習慣の似たところについて考える。		③	
44	4	社会・わたしたちの開くきょう土	昭和初期にできた京都の川の改修工事や鉄道工事が、多くの朝鮮人の労働者によって行われたことを知る。		③	
45	4	社会・さまざまな土地のくらし（沖縄の人々のくらし）	戦争の影響によって権利や生活が奪われ、それが未だ解決されていないことを知る。			△

46	4	図工・物語の絵	朝鮮の物語を絵で表現し、朝鮮の様子に親しみをもつ。		③	
47	4	音楽・白鳥	伽那琴を通して韓国の音楽に親しみをもつ。		③	
48	4	学級指導・友だち（だからわるい）	いじめられている者に対して無関心であったり、黙認することもいじめであることに気づく。			○
49	4	学級指導・お正月	日本と朝鮮の正月の類似点と相違点を明らかにし、朝鮮の人々の暮らしを知る。		③	
50	4	学級指導・外国の人	民族には独自の文化があることを知る。それらを認め合うことが差別や偏見のない社会づくりに必要であることを知る。		③	
51	5	国語・かべの中	外国で生活する人の気持ちを知る。			○
52	5	国語・お母さんの木	反戦平和の気持ちの大切さに気づく。			△
53	5	国語・漢字の由来と部首	漢字が朝鮮を経て日本に伝わってきたことを理解する。		③	
54	5	国語・言葉と事実	言葉の使い方によって、人を傷つけたり差別することがあることに気づき、言葉の使い方を考える。			○
55	5	社会・変わっていく農業　日本の農業の特性（狭い耕地）	韓国の農業も日本の農業と同じ状況であることを知る。		③	
56	5	社会・わたしたちの食生活と水産業（日本人のたんぱく源）	水産物の輸出入を通して日本と朝鮮の関係を理解する。		❸	
57	5	社会・日本の工業と国民のくらし・鉄をつくる工場・わが国の製鉄所・古くから続く手作りの工業	日本の貿易相手国（朝鮮）について調べて、特徴を理解する。		③	
58	5	社会・変わりつつある工業　加工貿易の問題	大韓民国と日本の貿易における関係の深さについて学ぶ。朝鮮民主主義共和国との貿易における関係についても知る。		❸	

59	5	社会・わたしたちの住んでいる国土	日本と朝鮮半島の気候が似ていることを知る。		③	
60	5	図工・物語を絵にする（ねずみの王様）	朝鮮の民話を絵で表現し、朝鮮の昔ばなしに親しみをもつ。		③	
61	5	図工・朝鮮だこ	朝鮮の穴あき型の凧に先人の知恵と工夫があることに気づく。		③	
62	5	学級指導・読書指導「アンクル・トムさん」（岡本良雄著）	皮膚の色や外見で偏見や差別をしていないかを話し合い、相手を認め合うことの大切さを知る。			○
63	6	国語・川とノリオ	反戦平和の気持ちの大切さに気づく。			△
64	6	社会・大むかしのくらし（米づくり）	農耕技術や農機具が中国や韓国から伝来したことを知る。		❸	
65	6	国語・外来語の話	日本に及ぼす外国文化の影響を知る。		❸	
66	6	社会・大和朝廷	朝鮮から技術や学問をもって渡来した人は、日本の政治、産業、文化において指導的役割を担っていたことを知る。		❸	
67	6	社会・武士の政治（元との戦い）	元は、朝鮮を日本侵略に利用したが、朝鮮での抵抗もあり、その力が弱まり、日本への侵略に失敗したことを知る。		③	
68	6	社会・武士の政治（室町時代）	室町幕府が倭寇を取り締まり朝鮮との国交を進めたことを理解する。		❸	
69	6	社会・天下統一と鎖国（朝鮮出兵）	朝鮮侵略が朝鮮人民を苦しめ、国土を荒らし、日本国民も苦しめる結果になったことを知る。		①	
70	6	社会・天下統一と鎖国（鎖国）	江戸幕府の成立後、日朝の国交が開かれ、朝鮮通信使が派遣されたことを知る。		❸	
71	6	社会・近代の日本（日清・日露の戦争）	二つの戦争は、日本が中国と朝鮮の土地、人民を支配する戦いであったこと。韓国併合、皇民化政策によって本名を名乗れないなどの問題を現在も残していることを知る。	①	①	
72	6	社会・近代の日本	韓国併合における朝鮮の人々の苦しみについて考える。	①	①	

73	6	社会・現代の日本（社会運動・関東大震災）	警察が誤ったうわさを流布したため朝鮮人の人権を無視した事実をおさえる。	①	①	
74	6	社会・現代の日本（戦争への道）	今日の在日コリアンが日本の植民地支配によって、日本に渡ってきたことを知る。	①	①	
75	6	社会・現代の日本（苦しい国民生活）	創氏改名によって日本名を強要され、日本語を強要された事実を知る。本名の尊さを知る。	①	①	
76	6	社会・現代の日本（日本の降伏）	36年間続いた日本による支配が終わり、朝鮮人たちが解放された喜びに気づかせる。	①	①	
77	6	社会・現代の日本（世界の動き）	南北対立と分断の悲劇を知らせる。		③	
78	6	社会・これまでの日本これからの日本	生活・職業などの観点から民族差別の現状に目を向け、人権回復と正しい国際関係の確立の必要性に気づく。			○
79	6	図工・人物画（チマチョゴリを着た友だち）	朝鮮の民族衣装の美しさを感得する。		③	
80	6	図工・切り絵（仙女のはごろも）	民族衣装の美しさを感得する。日本と朝鮮の民間伝承における共通性を理解し、朝鮮の文化に親しみをもつ。		③	
81	6	家庭・わたしたちのすまい	地域によって住まいが異なることを知る。		③	
82	6	特別活動（学級会）・本をつくろう（作業活動）	本を作る活動を通して、協力し、励ましあう。			○

＊次の文献をもとに作成した。京都市立陶化小学校『昭和56年　陶化教育の歩み』、京都市立陶化小学校『昭和57年　陶化の歩み』、京都市立陶化小学校『昭和58年度　研究のまとめ』

※（1）は、外国人児童生徒たちにとって意味があると考えられ実践された授業である。資料の中の①と②は、①在日の民族としての歴史的社会的立場を認識する、②自ら進路を切り開き課題解決する能力を育成するに当てはまる授業である。

※（2）は、すべての児童・生徒たちにとって意味があると考えられ実践された授業である。資料の中の①②③は、①日朝関係史を通して差別の背景を理解する、②差別の現状を知り、差別をなくす態度を育てる、③他の民族の伝統・文化を尊重し、相互に尊重し合う態度を育てるに当てはまる授業である。**3**は、③の中でも日本と韓国・朝鮮の共通点を強調した実践である。**3**は、日本と韓国・朝鮮の交流に焦点を当てた実践である。

※その他の○は、すべての子どもたちを対象とした広く人権にかかわる授業である。△は戦争をテーマとした授業である。

【注】第3章

1　「生徒指導における外国人教育のへの視点」小栗栖直樹（1982年）。

2　例えば、2014年8月に開催された全国在日外国人教育研究集会（広島大会）のテーマとして「多文化共生社会実現のための教育を創造しよう」があげられた。大会ではクラスの子どもたちの出身国や民族の多様性尊重に向けた教育の在り方が報告された。

3　京都市立陶化小学校『昭和56年度　陶化教育のあゆみ』、p.21。

4　京都市立陶化小学校『昭和58年度　陶化教育のあゆみ』、pp.21-22。

5　京都市立陶化小学校「昭和58年度　研究のまとめ」、p.20。

6　京都市立陶化小学校「昭和58年度　研究のまとめ」、p.17。

7　同上。

8　中村光伸（1982）「社会科指導案」『昭和57年度陶化教育のあゆみ』、pp.12-14。

9　松下佳弘（1995）「せんせい、韓国語であいさつをしてもいい？──3年・4年での在日韓国・朝鮮人の子どもとの関わりから」『1994年度外国人教育研究集会──民族差別をなくすことをめざす創意ある実践の推進』京都市小学校外国人教育研究会。

第4章　全国在日外国人児童生徒教育方針・指針と京都市立学校外国人教育方針（1992年）

1.　在日外国人児童生徒教育方針・指針とは何か

　第2章では、1981年に京都市に「試案」が策定される経緯とその内容に焦点を当て論じた。一方で、方針・指針は、京都市だけではなく、全国のいくつもの自治体で1970年代から今日にかけて、策定されてきた。各自治体が策定した方針・指針は、教師が在日外国人児童生徒教育を実践するための重要な手がかりとなる。本章では、1970年代以降策定された全国の方針・指針の目的と内容を整理し、それらが何をめざしてきたのかについて明らかにする。そのうえで、1992年に策定された「外国人教育方針」の考え方が、京都市の小学校の教育課程にどのように取り入れられているのかを考察する。

　1970年代以降、方針・指針が策定された成果としては、在日コリアンを対象とした在日外国人児童生徒教育の取り組みとして、韓国・朝鮮民話、ハングルの学習、ユンノリ（韓国のすごろく）などの遊びなどが方針・指針の策定された各自治体の小学校の教育課程に取り入れられてきたことをあげることができる。その一方で、方針・指針には問題もある。その問題として挙げられるのは、方針・指針において在日外国人児童生徒教育に関する目標は記されているものの、どういった教育課程で具体的に実践す

ることができるのかが明らかにされていないことである。外国人人口が増加する日本の教育において、方針・指針が抱える問題を明らかにし、これからどのように方針・指針が掲げてきた目標を教育課程の中に取り入れ、教育実践として具体化していくのかを考えることは大切な課題である。

全国の方針・指針を対象とした先行研究は少ない。全国の方針・指針について論じた先行研究には、鄭、朴、金、仲原、藤井（1995年）の文献がある。鄭等の文献には、1970年代から1994年に策定された方針・指針の全文が掲載されている。しかし、そこでは、それらの内容についての詳細な分析は行われていない。

本章では、まず、全国の自治体が策定した方針・指針[1]を分析・検討することを通して、方針・指針において在日外国人児童生徒教育として何が目指されてきたのか、その目標を明確にする。次に、その目標に従ってどのような教育課程を構成することができるのか、『京都市立小学校教育課程指導計画』（第1学年から第6学年、平成23〈2011〉年、平成27〈2015〉年、平成28〈2016〉年、令和2〈2020〉年版）を方針・指針を策定した自治体が作成した教育課程の例として取り上げて考察する。

2. 在日外国人教育方針・指針は何を目指すのか

本節では、まず1970年以降策定された方針・指針の目標を分類し、それぞれの内容について考察する。それぞれの目標は、キーワードを共通する項目ごとにまとめた。その結果、①「差別と偏見の排除」(67)、②「国際理解と国際交流」(55)、③「共生」(20)、④「民族的自覚」(60)、⑤「本名の使用」(27)、⑥「日本への適応と日本語獲得」(9)、⑦「進路保障」(60)、⑧「教員研修」(54)、⑨「地域と家庭の連携」(41) の九つの目標が方針・指針の中に含まれていることが明らかとなった（カッコ内は、それぞれの項目に当てはまった方針・指針の数である。【資料2】「方針・指針の目標——分析結果一覧表」を参照）。その中でも、67の方針・指針が①「差別と偏

見の排除」に関する目標を記していた。ここでいう差別と偏見とは、子どもたちの中にある外国につながりのある人々に対する否定的なイメージを持つ偏見[2]と、それに基づく子どもたちの排他的な言動を意味する。方針・指針における①「差別と偏見の排除」とは、子どもたちが外国につながりのある人々に対する先入観を持つことによるいじめや仲間外れをなくすといった人間関係をめぐる差別の排除を意図している。②「国際理解と国際交流」は、外国につながりのある人々に対する①「差別と偏見の排除」を応用し、国際的な資質を育てていくための目標である。

　③「共生」は1990年代後半から方針・指針の中に登場するようになったことばである。たとえば、大和郡山市は、「一人一人の個性を尊重し、自尊感情を育み、民族的な偏見や差別のない多文化共生社会の実現をめざす」ことを記している。一方、福岡県は、「異なった歴史や文化に対する正しい認識を深め、多元的文化や多様性を尊重する共生の心を醸成する」とある。このように、③「共生」に関しては、外国につながりのある人々の文化や歴史を理解することを通して、差別と偏見を軽減し、互いを尊重しながら一つの社会の中で生きていくことをめざすことを意図していることがわかる。

　④「民族的自覚」について、大阪市（2001年）は、「自国への学習をとおして正しい認識を培い、民族的アイデンティティを確立する教育」であることを示している。アイデンティティの確立について、在日コリアンの子どもたちであれば、日朝関係史を通して、自分のルーツを探り、今、自分自身がここにいる理由を学ぶことができる。方針・指針においては、⑤「本名の使用」が民族に関するアイデンティティを確立した結果であることが記されている。そのことは、堺市（1992年）が「在日韓国・朝鮮人児童・生徒が自らの誇りと自覚の上に立って、本名を使用することは有意義である」と記していることから読み取ることができる。「本名の使用」は、「民族的自覚」の一つの成果である。同時に、本名を使用することができる環境は、在日コリアンに対する日本人の①「差別や偏見の排除」の結果である。し

たがって、⑤「本名の使用」は、単独で実践できるものではなく、①「差別や偏見の排除」と④「民族的自覚」に基づいて取り組まれるものでもある。

　1990年代に増加した⑥「日本への適応と日本語獲得」について、大分県では、「個に応じた指導」の必要性が指摘された。松阪市は、具体的に、日本語教室の設置や外国人児童生徒巡回相談員の配置をするなど具体的な日本語指導のあり方を提示している。松阪市の例にあるように、⑥「日本への適応と日本語獲得」は、日本語教室における個別の指導を前提にしており、日本語指導を専門の指導員によって進めていこうとする発想に基づいている。⑦「進路保障」の目標について、京都市（1992年）は、方針・指針の中に、進学・就職に関する差別の軽減をめざし、関係機関と連携しながら、具体的な解決を目指すことを指示した。その背景には、就職差別の問題、貧困によって、在日コリアンの子どもたちが将来を展望することができなかった歴史がある[3]。したがって、⑦「進路保障」は、就職差別についての企業や学校への働きかけが中心となっている。⑧「教員研修」に関して、例えば、滋賀県は、次の三つをあげている。第一は、教師が外国につながりのある子どもたちに対する認識を高め、指導に関する資質を向上させること、第二に、外国につながりのある子どもたちとの関わりを深め、保護者との連携を密にはかること、第三に、外国につながりのある子どもたちを取り巻く状況を十分に把握することである。⑨「地域と家庭の連携」について、松阪市（2013年）は、NPO等との関係や、まちづくり交流部観光協力課との連携、「松阪市国際化推進計画」と関連付けながら、多文化共生社会の構築を目指すことなど、具体的な施策を記している。松阪市のように、国際化に関する施策と関わらせることの可能性を示す自治体がある一方で、保護者への啓発の必要性を強調する自治体も多い。これは、保護者の外国につながりのある人々に対する差別や偏見が子どもたちに影響しないよう教育することの必要性を示したものである。

　以上から、方針・指針における在日外国人児童生徒教育とは、差別と偏

見の軽減を中心的な目標に位置付け、在日コリアンをはじめとする外国に
つながりのある子どもたちの民族や出身国に関わるアイデンティティを形
成するのと同時に、すべての子どもたちの国際理解と交流を深めることを
めざす教育であること。そして、教員や保護者、地域住民の外国につなが
りのある人々に対する理解を促し、ニューカマーの子どもたちに対しては
日本語と日本への適応のための支援を行い、等しく教育へアクセスできる
ことを保障する教育であることがわかる。

3.　「京都市立学校外国人教育方針（1992年）」にみる差別と偏見の 排除に向けた学習内容

　前節では、1970年以降作成された方針・指針の目標を分類することを
通して、九つの目標が含まれていることについてまとめた。ここでは、そ
の中でも、①「差別と偏見の排除」について考察する。①「差別と偏見の
排除」は、②から⑨のいずれの目標にも関わっている。②「国際理解と国
際交流」は、外国につながりのある子どもに対する①「差別と偏見の排
除」を応用し、その視点を海外に向けて国際理解を進展させていこうとす
るものである。そして、③「共生」についても、①「差別と偏見の排除」
なしに実現させることはできない。同様に、④「民族的自覚」と⑤「本名
の使用」も、差別や偏見のない日本人と外国につながりのある子どもたち
が相互に尊重し合える環境の中で実現するものである。⑥「日本への適応
と日本語獲得」、⑦「進路保障」については、すべての子どもが等しく教
育にアクセスし、日本で学び働くことのできる状況を保障していくことを
前提とした目標である。⑦「教員研修」と⑨「家庭と地域の連携」も、外
国につながりのある子どもに対する①「差別と偏見の排除」の啓発をめざ
し、その具体的な方策について話し合われる。

　①「差別と偏見の排除」に向けて、どういった学習内容を構成すること
ができるのか、その一例として、御所市の方針・指針を例に挙げる。御所

市は、①「差別と偏見の排除」の目標を実現するための方策として、子どもたちに「科学的認識を育てること」を示している。さらに、大和高田市の方針・指針には、「科学的認識を育てること」は「その歴史的経緯や社会的背景を正しく理解」することであることを具体的に示している。「科学的認識を育てること」の理由を明確に論じているのは、伊丹市の方針・指針である。伊丹市の方針・指針では、子どもたちの間で、「日本がいやだったら本国に帰ればいいのに」という在日コリアンに対する発言があったことを省みて、こうした差別発言をなくすことの必要性が指摘された（鄭、朴、金、仲原、藤井 1995、p.217）。伊丹市の方針・指針によれば、それが、在日コリアンの歴史に対する認識を欠いた発言であるので、彼らがなぜ、日本で暮らすことになったのか、その歴史を子どもたちは理解しなければならない（鄭、朴、金、仲原、藤井 1995、p.217）。このように、特に在日コリアンの場合、日本で暮らさざるを得なくなった理由をすべての子どもたちが理解することを①「差別と偏見の排除」のための学習内容として位置付けているのである。

　それでは、①「差別と偏見の排除」について具体的にどのような教育内容が示されているのか、京都市の方針・指針を例に考察する。京都市は、①「差別と偏見の排除」という目標に対する教育内容を方針・指針に詳細に記している自治体である。この目標に従って小学校の教育課程に方針・指針の視点が取り入れられている。

　京都市の方針・指針では、①「差別と偏見の排除」に関連する次の二つの目標を挙げている。その目標は、第一に、「すべての児童・生徒に、民族や国籍の違いを認め、相互の主体性を尊重し、共に生きる国際協調の精神を養う」こと、第二に、「日本人児童・生徒の民族的偏見を払拭する」ことである。上記の二つの目標に対する教育内容を、**表6**「京都市立学校外国人教育方針（1992年）の学習内容」の通り抜粋した。**表6**の下線部は、①「差別と偏見の払拭」に関する教育内容について記された箇所である。

　下線を引いた箇所は、次の三つにまとめることができる。第一は、文化

表6　京都市立学校外国人教育方針（1992年）の学習内容

人権に関わる学習を中心に、人間の尊重についての考え方を深めさせるとともに、国際的な広い視野から、<u>他の民族や国の文化や伝統を尊重することの大切さについての学習</u>を通して、その違いと主体性を認め、互いに理解し、尊重し合い、共に生きることが大切であることを認識させる。
<u>日本とアジアの近隣諸国との近現代史を正しく理解させ</u>、<u>明治以降太平洋戦争に至る日本の侵略がこれらの国々に多大の損害を与えたこと</u>を踏まえ、今日の日本がこれらの諸国との友好親善を一層進めることが大切であることを認識させる。
<u>日本が行った植民地政策等の歴史的事実について学習させる</u>とともに、<u>固有の文化をもち独自の発展を遂げた朝鮮の歴史と、古くから日本と政治、経済、文化等の面で深い交流があった朝鮮の歴史が日本の歴史に大きな影響を与えたことを学習させ、日本との歴史的な関係について正しく認識させる。</u>
<u>日本の社会に存在する在日韓国・朝鮮人に対する民族差別の実態に着目させ、民族的偏見や差別は人権尊重の立場から許されないことを認識させて</u>、在日韓国・朝鮮人児童・生徒と日本人児童・生徒が相互の主体性を尊重し、高め合い、共に生きる態度を育てる。

＊京都市教育委員会（1992）『京都市立学校外国人教育方針——主として在日韓国・朝鮮人に対する民族差別をなくす教育の推進について』を基に作成した。教育内容について記された箇所に下線を引いた。

や伝統を尊重することの大切さについて学習し、他の民族や国に対する理解を深めることである。第二は、日朝関係史を学習することを通して、在日コリアンに対する理解を深めることである。第三は、在日コリアンに対する差別や偏見の実際を批判的に捉え、差別のない社会の構築に参画できる能力を育成することである。

4.　京都市立小学校の教育課程にみる在日外国人児童生徒教育の視点

　本節では、①「差別と偏見の排除」の目標と、前述した三つの学習内容

が教育課程の中でどのように具体化されているのかを、前節の**表6**の内容を踏まえ、京都市の小学校の教育課程を対象に分析する。ここで分析の対象とする教育課程は、『京都市立小学校教育課程　指導計画　京都市スタンダード』（平成23〈2011〉年、平成27〈2015〉年、平成28〈2016〉年、令和2〈2020〉年の第1学年から第6学年、以下『京都市立小学校教育課程指導計画』と称す）である。本節では、『京都市立小学校教育課程指導計画』をバンクス（Banks, J. A.）の教育課程の分類に従って、その特徴について考察する。

　多文化教育の文脈において民主主義を実現する教育をめざす教育課程について論じてきたバンクスは、民族の差別と偏見の排除に向けて、四つの教育課程に関するモデルを示した（Banks 2013, pp. 184-195）。ここではまず、バンクスの四つのモデルの概要について整理する。バンクスは、民族の差別と偏見の排除を克服するための教育課程を「貢献アプローチ」（contribution approach）、「付加アプローチ」（additive approach）、「変形アプローチ」（transformative approach）、「社会活動アプローチ」（social action approach）の四つに分類している。「貢献アプローチ」は、従来の教育課程を変更することなく、差別や偏見の克服に取り組んだ人種や民族の代表的な人物の伝記や物語を教育課程に付け加える。「貢献アプローチ」と類似した教育課程が「付加アプローチ」である。「付加アプローチ」は、例えば、第二次世界大戦の単元の中で、日系アメリカ人の強制収容について理解を深めるために映画「月の中のうさぎ」（Rabbit in the Moon）の鑑賞を加えるなど、従来の教育課程にある国や民族の人々についての物語、単元などを付け加える（Banks, 2013, p.187）。

　「変形アプローチ」は、前述した二つのアプローチとは大きく異なる。このアプローチは、国内の多様な民族の観点から、歴史的な出来事、音楽、美術、文学など、ある一つの概念について学ぶことである。例えば、ジャズを例にあげると、国内の多様な民族がジャズの創造にいかに貢献したのかを学ぶ。そこからは、アフリカ系、ヨーロッパ系など様々な人々がアメリカにおけるジャズの成立に関わってきたことがわかる。このように、こ

こでは、国の発展についてどのように異なる国や民族出身の人々が関わってきたのかについて知識を得る。そのために、「変形アプローチ」では、多様な民族の視点から一つの概念について探究できるように、既存の教育課程を作り変える。次に、「社会活動アプローチ」である。「社会活動アプローチ」は、差別や偏見といった社会問題の解決をめざし、問題点を指摘し改善に取り組むことをめざして教育課程を構成する。そして、最後に以上の四つのアプローチのいくつかが組み合わさった教育課程がある。

　バンクスは、それぞれのアプローチをレベル1「貢献アプローチ」、レベル2「付加アプローチ」、レベル3「変形アプローチ」、レベル4「社会活動アプローチ」の4つのレベルとして捉えている。4つのレベルを分けると、レベル1「貢献アプローチ」とレベル2「付加アプローチ」、そして、レベル3「変形アプローチ」とレベル4「社会活動アプローチ」の二つに分類することができる。「貢献アプローチ」と「付加アプローチ」は、ヒーロー、ヒロイン、あるいは文化や歴史に関する学習を従来の教育課程に追加するという考えである。「変形アプローチ」は、多様な民族の視点から音楽、美術、文学、歴史を学ぶことができるように、メインストリームが作成した既存の教育課程を作り変える。「社会活動アプローチ」は、子どもの身の回りにある差別や偏見といった社会問題に取り組むプロジェクトを軸に教育課程を構成し直す[4]。一方、日本では、このような在日外国人児童生徒教育に関わる教育課程の分類や検討は行われていない。そのことから、本書では、バンクスの教育課程の分類にしたがって、京都市小学校の方針・指針の考え方を取り入れた教育課程の特徴を明らかにすることとした。

　本節では、『京都市指導計画』（平成23〈2011〉年、平成27〈2015〉年、平成28〈2016〉年、令和2〈2020〉年版）の第1学年から第6学年までの各教科、道徳、総合的な学習を例として取り上げ考察する。京都市では昭和26年度から、全ての小・中学校において平準化された教育実践が進められるよう、教科書採択にあわせて、教科・領域ごとの学習内容についての詳細な

指導計画・評価計画を示す『京都市立小学校教育課程指導計画』を教育委員会が作成しており、教員らはこの教育課程指導計画をベースに授業を進めていく。

　『京都市指導計画』の教育内容を記した箇所には、平成27（2015）年まで「外」という印が付けられていた。この「外」部分が、在日外国人児童生徒教育に関わる学習内容を示している。1年から6年までの「外」の箇所を抜粋し、まとめたものが、**表7**「京都市指導計画（平成23〈2011〉年、平成27〈2015〉年、平成28〈2016〉年、令和2〈2020〉年）にみる在日外国人児童生徒教育の内容」である。令和元年度作成の小学校の教育課程指導計画は、授業者の創意工夫を生かした「主体的・対話的で深い学び」の実現を目指し、教員の単元構想、授業計画を積極的に促す形式に改訂されている。「外」という印がつけられていないのもその流れと解される。令和2（2020）年版の社会に関しては、「外」という印がつけられていないが、在日外国人児童生徒教育に関連した部分を**表7**に抜粋した。京都市教育委員会によると、従来「外」をつけていた内容項目は、ほぼ令和2（2002）年版の『京都市指導計画』にも引き継がれている。しかし、ここでは「外」の指示がされていないため、**表7**には反映されていない。したがって、一見すると、**表7**では在日外国人児童生徒教育の学習が減ったように見えるが、実際は従来のように在日外国人児童生徒教育を展開することが可能とされている。

　表7から理解できるのは、次の2点である。第一は、道徳と社会の中に在日外国人児童生徒教育に関わる教育内容が取り入れられていることである。第二は、平成27（2015）年までは社会の日朝関係史の中で在日コリアンを対象とした在日外国人児童生徒教育の学習が行われていることである。

　表7の平成23（2011）年を見ると、③「日本の歴史・『むらからくにへ』」と⑤「戦国の世から江戸の世へ・『鎖国の中の交流』」では、日朝の交流が強調されている。⑩「世界の中の日本・『日本とつながりの深い国を探そう』」は、外国の人々の暮らしについて考える授業である。その他の④

表7　京都市指導計画（平成23〈2011〉年、平成27〈2015〉年、平成28〈2016〉年、令和2〈2020〉年）にみる在日外国人児童生徒教育の内容

出版年	番号	学年	教科等	主題／単元・本時	ねらい／学習活動（留意点）
平成23〈2011〉年	①	3年	道徳	外国の文化（マダン）	マダンの話やユンノリを通して、韓国・朝鮮などの外国の人々や文化に親しもうとする心情を養う。
	②	6年	道徳	隣の国の人々と（雨森芳洲と朝鮮通信使）	自分と外国や外国の人々との交わりを大切にして、相手の国の文化や人の心を尊重し、進んで相手の国のことを理解しようとする心情を育てる。
	③	6年	社会	日本の歴史・「むらからくにへ」	大陸からの文化的影響について、分かったことをまとめる。（渡来人が伝えた文化の影響力や重要性について鉄器や船、機織りなどを取り上げて考えるようにする）
	④	6年	社会	戦国の世から江戸の世へ・「大阪城と豊臣秀吉」	全国統一をするために、豊臣秀吉がどのようなことをしたのか調べる。（秀吉の朝鮮出兵が、朝鮮の人々の生活を一方的に脅かしたことに気づかせる）
	⑤	6年	社会	戦国の世から江戸の世へ・「鎖国の中の交流」	江戸幕府が鎖国をしている間、海外との交流はどのように行われていたのかを調べる。（鎖国によって、中国・オランダだけに貿易が制限された中で、朝鮮とは国交があったことに気づき、琉球やアイヌの人々との関係についても理解するようにする）
	⑥	6年	社会	世界に歩み出した日本・「中国やロシアと戦う」／「朝鮮を植民地にする」	二つの戦争と条約改正とのつながりを考え、その後、日本は朝鮮を植民地化したことを知る。（日本の植民地になった朝鮮で、人々はどのような気持ちで生活していたのかを、独立運動を通して考えるようにする）
	⑦	6年	社会	世界に歩み出した日本・「生活や社会の変化」	日本の工業の発展と民主主義を求める様々な運動について調べる。（関東大震災では、朝鮮や中国の人々が殺害されるという事件を取り上げ、朝鮮や中国の人たちへの人権が守られなかったことに気づくようにする）
	⑧	6年	社会	長く続いた戦争と人々のくらし・「戦争が世界に広がる」	戦争が世界に広がっていく様子を調べる。（創氏改名、植民地での徴兵令、朝鮮や中国の人々に対する強制連行、強制労働にふれ、日本は、朝鮮の人々の生活を抑圧するだけでなく、民族としての誇りをも傷つけたことに気づくようにする）
	⑨	6年	社会	新しい日本、平和な日本へ・「これからの日本を考えよう」	残された問題を調べ、これからの日本のあるべき姿を話し合う。（現代社会にはさまざまな人権問題があることをとらえ、歴史学習を人権の視点で振り返る）
	⑩	6年	社会	世界の中の日本・「日本とつながりの深い国を探そう」	日本とつながりの深い国の人々はどのような生活をしているのかについて考え、調査する。（外国人の視点から、韓国・朝鮮などを取り上げることも考えられる）

平成27（2015）年	⑪	3年	道徳	外国の文化（マダン）	マダンの話やユンノリを通して、韓国・朝鮮などの外国の人々や文化に親しもうとする心情を育てる。

平成27（2015）年	⑪	3年	道徳	外国の文化（マダン）	マダンの話やユンノリを通して、韓国・朝鮮などの外国の人々や文化に親しもうとする心情を育てる。
	⑫	6年	社会	世界に歩み出した日本「朝鮮の植民地化と世界へ進出する日本」	日本の植民地になった朝鮮で、人々はどのような気持で生活していたのかを、3．1独立運動や独立宣言書を通して考えるようにする。
	⑬	6年	社会	世界に歩みだした日本「生活や社会の変化」	関東大震災では、朝鮮や中国の人々が殺害されたという事件を取り上げ、朝鮮や中国の人たちへの人権が守られていなかったことに気づくようにする。
	⑭	6年	社会	新しい日本、平和な日本へ・「これからの日本を考えよう」	現在の日本が抱える問題について調べ、話し合おう。アイヌ民族、在日韓国・朝鮮人などへの差別について。
	⑮	6年	社会	わたしたちのくらしと日本国憲法「くらしの中の基本的人権の尊重」	堺市で行われている識字・多文化共生学級の取り組みを基に、すべての人に学ぶ権利が与えられていることを理解させる。
平成28（2016）年	⑯	3年	道徳	外国の文化（マダン）	マダンの話やユンノリを通して、韓国・朝鮮のなどの外国の人々や文化に親しもうとする心情を育てる。
	⑰	6年	道徳	隣の国の人々と（雨森芳洲と朝鮮通信使）	自分と外国や外国の人々との交わりを大切にして、相手の国の文化や人の心を尊重し、進んで相手の国のことを理解しようとする心情を育てる。
令和2（2020）年	⑱	3年	道徳	外国の文化（マダン）	マダンからの帰り道にわたしが思ったことを考えることを通して、韓国・朝鮮などの外国の人々や文化に関心をもち、親しんでいこうとする心情を育てる。
	⑲	4年	道徳	友達「名前」	ひろこさんと英順さんの「名前」についてのやりとりを通して、友達の気持ちを理解し、互いに信頼し、助け合ってよりよい人間関係を築いていこうとする心情を育てる。
	⑳	6年	道徳	隣の国の人々と（雨森芳洲と朝鮮通信使）	外国との交流において雨森芳洲が大切にしてきたことを考えることを通して、他国の文化や人々の心を尊重し、進んで相手のことを理解しようとする心情を育てる。
	㉑	6年	社会	新しい日本、平和な日本へ・「これからの日本を考えよう」	現在の日本が抱える課題や果たすべき役割について調べる。現在の日本にはどのような課題や果たすべき役割があるのだろう。防災・少子化・高齢化・お年寄りや障がいのある人たちの人権・子どもや女性の人権・アイヌ民族、在日韓国・朝鮮人、外国人への偏見や差別の問題・領土をめぐる問題・沖縄のアメリカ軍基地・北朝鮮の拉致問題、核開発・地球温暖化など。

*㉑の『指導計画』には「外」という印はついていない。令和2（2002）年からは、在日外国人児童生徒教育については韓国・朝鮮ばかりではないこと、そして教師たちの創意工夫を重視する等の観点から「外」が記されている。在日外国人児童生徒教育について「外」は付されていないものの従来のように展開することが可能とされている。

「戦国の世から江戸の世へ・『大阪城と豊臣秀吉』」、⑥「世界に歩み出した日本・『中国やロシアと戦う』／『朝鮮を植民地にする』」、⑦「世界に歩み出した日本・『生活や社会の変化』」、⑧「長く続いた戦争と人々のくらし・『戦争が世界に広がる』」の授業では在日コリアンに焦点を当て歴史が描かれている。

　外教研は、**表7**における6年社会の③〜⑩、⑫〜⑮、㉑を実践するための指導資料集『外国人教育指導内容試案——渡来人〜孫基禎（ソンギジョン）とベルリンオリンピック』を作成した（京都市小学校外国人教育研究会2012）。指導資料集には、「渡来人が伝えた文化」、「渡来人と大仏建立」、「元との戦い」、「秀吉の朝鮮侵略」、「朝鮮通信使」、「韓国併合」、「関東大震災」、「創氏改名」、「孫基禎とオリンピック」の九つの授業が外国人教育の指導計画として載っている（第6章を参照）。指導資料集は、**表7**のそれぞれの単元の中の日朝関係史について具体的に実践することのできる内容である。それぞれは、在日外国人児童生徒教育として、韓国・朝鮮と日本との関係について、そして韓国・朝鮮の人々に対する差別と抑圧についてどのようなことが行われていたのかについての内容となっている。**表7**の内容は、従来の道徳と社会の教育課程に在日外国人児童生徒教育に関する学習内容を付け加えていることからバンクスが分類した「付加アプローチ」に分類することができる。このように、京都市の在日外国人児童生徒教育の実践は、「付加アプローチ」のように6年生の社会の中に追加されて実践されていることがわかる。

　3年生の道徳では、「マダン」と呼ばれる京都市内で行われている在日コリアンの文化を中心としたまつりに関する学習を行う。「マダン」に関する3年生の道徳の学習は、平成23（2011）年、平成27（2015）年、平成28（2016）年、令和2（2020）年の4回にわたって指導計画に載っている。この学習内容は、「マダン」に対する思いが綴られた教材を通して、まつりに対する在日コリアンの人々の思いに気づくことを目的としている。同時に、この授業では、韓国・朝鮮の遊びを通して、①「差別や偏見の排

除」に向けて、在日コリアンの人々や彼らの文化に親しもうとする態度を育成することを目指す。6年道徳では、同様に雨森芳洲と朝鮮通信使を通して韓国・朝鮮との関係についても学ぶ。こうした学習は、在日コリアンの文化や歴史を一回の授業として道徳の教育課程の中に付け加えられたものである。したがって、道徳の教育課程も「付加アプローチ」であることがわかる。

　以上のように、京都市には「京都市立学校外国人教育方針」があるものの京都市の小学校が用いている『京都立小学校教育課程指導計画』によれば、在日外国人児童生徒教育は、6年社会と道徳の中に付加的に位置づけられているだけである。

5.　在日外国人児童生徒教育と教育課程の特徴

　本節では、前章で取り上げたバンクスの教育課程の分類にしたがって、京都市の教育課程を考察する。

　バンクスは、「貢献アプローチ」が、多様な人種や民族出身のヒーロー、ヒロイン個人の活躍が理解できる一方で、その民族全体が文化や歴史にどのように貢献したかは理解することができないことを指摘している（Banks 2013, p.187）。「付加アプローチ」の問題点は、メインストリームの歴史や文化についての学習が中心であることから、マイノリティとメインストリームの二項対立が印象付けられる結果となり、付加されたマイノリティの文化や歴史が周縁に存在することを印象付けてしまうことである（Banks 2013, p.187）。**表7**に示した京都市の道徳と社会の教育課程は、韓国・朝鮮に関する文化や歴史を付け加えた「付加アプローチ」である。これは、バンクスが指摘した通り、メインストリームとしての日本人と、マイノリティとしての在日コリアンの境界線を明らかにし、双方の違いを際立たせ、その違いを超えることができないという限界がある。

　前述した問題は、「変形アプローチ」の考え方を教育課程に取り入れる

ことで改善することができる。「変形アプローチ」は、米国の共通文化や歴史が、多様な文化集団、人種、民族、宗教集団の間で複雑に統合され、相互影響関係によって創造されてきたことを学習できる教育課程である（Banks 2013, p. 189）。例えば、アメリカにはアメリカーナと呼ばれるジャンルの音楽がある。アメリカーナのジャンルに属する音楽は、ブルース、フォークなど異なる人種や民族にルーツのある音楽が混ざり合っている。こうしたジャンルの音楽を学ぶことによって、アメリカの音楽が多様な国や民族の人々の影響関係によって創造されてきたことが理解できるのである。これに倣って、外国につながりのある人々の文化が日本に与えた影響を学ぶといった「変形アプローチ」の考え方を教育課程に取り入れることで、外国につながりのある人々が日本の文化や歴史を創造する主体であることを明らかにすることができ、彼らを社会の中心に位置づけることができるのである。①「差別と偏見の排除」に関する学習内容は、**表7**の道徳や社会の授業からも明らかであるように、歴史や文化について知る、理解するといったことが中心である。実際、差別や偏見について知る、理解することだけで①「差別と偏見の排除」には到達することは困難といえる。

　それでは、①「差別と偏見の排除」に向けてどのような教育課程を構成したらよいのだろうか。そのための示唆を得られるのが「社会活動アプローチ」である。「社会活動アプローチ」は、差別や偏見といった問題を学習の中心に位置づけ、それらの問題について考える。子どもたちは、そこで取り上げた問題を批判し、解決に取り組むために活動する。その活動の過程で、子どもたちは、様々な教科と関連付けた知識や技能を習得している。例えば、音楽授業を例に挙げれば、歌詞の中にある国や人種、民族に対する偏見を見つけ出し、話し合い、その歌をうたうかどうかを教室で議論する（Shaw, J. 2012, pp.78-79）。こうした音楽授業の例と同様に、美術、文学、歴史の中に描かれている偏見や差別的な表現を追求し、その問題について議論する学習を行うことができる。ここで、重要なのは、「差別とは何か」、「偏見とはなにか」を教師が教えるのではなく、それらの問題につ

いての生徒の議論、探求、対話、改善にむけての活動が学習の中心となることである（Fitzpatrick 2012, pp.57-58）。差別や偏見について知り、その改善に向けて取り組むことは大切な課題である。その際、「社会活動アプローチ」は、差別や偏見を軽減するために子どもたち自身が課題を発見し、改善に向けて、行動することをめざすという点において意味がある。

6. 在日外国人児童生徒教育の考え方を取り入れた教育課程の課題と可能性

　本章では、次の二つの課題を明らかにすることを目的として論を進めてきた。第一は、全国の自治体が策定した方針・指針を分析・検討することを通して、方針・指針における在日外国人児童生徒教育の概念を明確にすることである。第二は、その概念に従ってどのような教育課程を構成することができるのか、『京都市指導計画』（第1学年から第6学年、平成23〈2011〉年、平成27〈2015〉年、平成28〈2016〉年、令和2〈2020〉年版）を方針・指針の考え方を取り入れた教育課程の例として取り上げ、それをバンクスの教育課程モデルの理論に基づいて考察することであった。

　まず、第一の研究目的についてである。方針・指針には、①「差別と偏見の排除」、②「国際理解と国際交流」、③「共生」、④「民族的自覚」、⑤「本名の使用」、⑥「日本への適応と日本語獲得」、⑦「進路保障」、⑧「教員研修」、⑨「地域と家庭の連携」の九つの目標が含まれていることが明らかとなった。これをまとめると、在日外国人児童生徒教育は、差別と偏見の排除を中心的な目標に位置付け、在日コリアンをはじめとする外国につながりのある子どもたちの民族的自覚を促し、すべての子どもたちの国際理解と交流を深めることをめざす教育であること。そして、教員や保護者、地域住民の外国につながりのある人々に対する理解を促し、ニューカマーの子どもたちに対しては日本語と日本への適応のための支援を行うこと。さらに、すべての子どもたちが等しく教育にアクセスできることを保

障する教育ということである。

　次に、第二の研究目的である京都市の小学校における教育課程についてである。本章では、方針・指針の九つの目標の中から、方針・指針の中心的な目標である①「差別と偏見の排除」に焦点を当て考察した。方針・指針では、①「差別と偏見の排除」を外国につながりのある人々の文化や歴史を理解することで実践するように指示されていた。そのことがどのように具体化され、また課題があるのかを明らかにするために、本章は、『京都市指導計画』を方針・指針が策定された自治体の教育課程の例として取り上げ、バンクスの教育課程モデルを用いて検討した。その結果、京都市の教育課程は、主に、6年生の社会と道徳を中心とした「付加アプローチ」によって構成されていることがわかった。

　そして、そこには、三つの課題があることを指摘することができた。第一の課題は、「貢献アプローチ」において、ある個人の活躍は理解することはできても、日本における外国につながりのある人々の貢献は理解できないということである。第二の課題は、「付加アプローチ」が、抑圧する日本人と外国につながりのある人々という二項対立を際立たせていることである。第一と第二の課題に対応するためには、バンクスの「変形アプローチ」から示唆を得ることができる。日本の文化や歴史の創造に日本で暮らす多様な人々が関わってきたことを知ることのできる教育課程を構成する。それによって、日本人と外国につながりのある人々という二項対立を超え、双方が等しく日本で暮らす一員であるというイメージを明らかにできるのである。第三の課題は、外国につながりのある人々の心情を知ることや、歴史を知る、理解するという知識を獲得することを通して①「差別と偏見の排除」に取り組んでいることである。その点を改善するために「社会活動アプローチ」の考え方は意味がある。「社会活動アプローチ」は、差別や偏見に対して、批判的に捉え、直接アプローチできる行動を育てるために、差別や偏見をめぐる課題を中心に置いた活動を重視する。このアプローチは、議論、対話、探究活動を中心にした教育方法を用いて実

践される。①「差別と偏見の排除」に向けては、子どもたちにルーツのある国の文化や歴史を教えるだけではなく、「社会活動アプローチ」の考え方を取り入れた活動を中心とした教育課程を構成することができるのである。

【資料2】方針・指針の目標──分析結果一覧表

番号	年	自治体	外国人教育方針・指針タイトル	① 差別と偏見の排除	② 国際理解と国際交流	③ 共生	④ 民族的自覚	⑤ 本名の使用	⑥ 日本への適応と日本語獲得	⑦ 進路保障	⑧ 教員研修	⑨ 家庭と地域の連携
1	1970	大阪府	昭和45年度学校教育指針	○	○					○		
2	1972	大阪府	外国人子弟教育（在日朝鮮人子弟教育）〈昭和47年度学校教育指針〉	○	○		○			○		
3	1973	大阪府	外国人子弟（主として在日する全朝鮮民族の子弟）教育	○	○		○			○		
4	1974	大阪府	在日外国人子弟（主として在日する韓国人・朝鮮人の子弟）の教育	○	○		○	○		○		
5	1978	大阪府	在日外国人子女（主として在日する韓国人・朝鮮人の子ども）教育	○	○		○	○		○		
6	1980	大阪府	在日外国人（主として在日する韓国人・朝鮮人）の子どもの教育	○	○		○	○		○		
7	1980	豊中市	豊中市在日外国人教育方針──主として在日する韓国・朝鮮人児童生徒の教育	○	○		○	○		○	○	○
8	1982	高槻市	在日韓国・朝鮮人問題に関する指導の指針	○	○		○	○		○		
9	1982	東大阪市	在日外国人園児・児童・生徒に関する教育指針（主として在日韓国・朝鮮人児童・児童・生徒）	○	○		○			○		
10	1983	吹田市	吹田市在日外国人教育指針──主として韓国・朝鮮人児童・生徒の教育	○	○		○			○		○
11	1983	上福岡市	上福岡市在日韓国・朝鮮人児童・生徒に関わる教育指針について	○	○			○		○	○	
12	1986	奈良県	在日外国人（主として韓国・朝鮮人）児童生徒に関する指導指針	○			○			○		

13	1986	川崎市	川崎市在日外国人教育基本方針——主として在日韓国・朝鮮人教育	○	○		○			○	○	○
14	1987	広島県	在日外国人児童生徒の教育に関する基本的な考え方－主として在日朝鮮人（韓国・朝鮮籍）児童生徒の教育について	○			○			○	○	
15	1988	大阪府	在日韓国・朝鮮人問題に関する指導の指針				○			○		
16	1988	高砂市	在日外国人に対する偏見をなくするために	○	○			○		○	○	
17	1989	茨木市	在日外国人教育方針——主として韓国・朝鮮人児童・生徒の教育	○	○					○	○	
18	1990	摂津市	摂津市在日外国教育基本方針——主として在日する韓国・朝鮮人児童・生徒の教育	○			○			○	○	○
19	1990	大東市	在日韓国・朝鮮人教育に関する基本方針	○	○		○	○		○	○	
20	1990	池田市	池田市在日外国人教育方針——主として在日韓国・朝鮮人児童・生徒の教育	○	○			○		○	○	
21	1990	八尾市	八尾市在日外国人教育基本指針	○	○		○			○		○
22	1990	加古川市	在日韓国・朝鮮人（在日外国人）児童・生徒に関する教育の指針について	○	○		○			○	○	○
23	1990	神奈川県	在日外国人（主として韓国・朝鮮人）に関わる教育の基本方針	○								○
24	1990	神奈川県立川崎高校	川崎高等学校在日外国人（主として韓国・朝鮮人）生徒教育基本方針	○			○	○		○		○
25	1991	天理市	在日外国人（主として韓国・朝鮮人）幼児・児童・生徒に関する指導指針	○			○			○	○	○
26	1991	神戸市	在日外国人児童生徒に関わる指導について		○					○		
27	1991	播磨市	在日外国人（在日韓国・朝鮮人等）の理解教育について	○						○		
28	1991	横浜市	在日外国人（主として韓国・朝鮮人）に関わる教育の基本方針	○		○	○	○		○		
29	1992	西宮市	学校園における在日韓国・朝鮮人幼児・児童・生徒に関わる教育の促進について	○			○		○			○

30	1992	京都市	京都市立学校外国人教育方針－主として在日韓国・朝鮮人に対する民族差別をなくす教育の推進について	○	○		○			○	○	○
31	1992	名古屋市	外国人児童生徒の指導について	○	○		○		○	○	○	
32	1992	堺市	在日韓国・朝鮮人問題に関する指導の指針	○	○		○			○	○	
33	1992	柏原市	柏原市在日外国人教育に関する指導の指針				○			○	○	
34	1992	島本町	在日外国人教育基本方針──主として、韓国・朝鮮人児童生徒の教育		○		○			○	○	
35	1992	門真市	門真市在日外国人教育基本方針──主として在日韓国・朝鮮人児童・生徒の教育	○			○	○		○	○	○
36	1992	羽曳野市	羽曳野市在日外国人教育に関する指導の指針－主として在日韓国・朝鮮人・児童・生徒の教育	○	○		○			○	○	○
37	1992	箕面市	箕面市在日外国人教育の指針──在日韓国・朝鮮人教育からの出発	○	○		○			○	○	○
38	1992	泉佐野市	泉佐野市在日外国人教育指針──主として在日韓国・朝鮮人問題に関する教育の指針	○	○		○			○	○	○
39	1993	寝屋川市	寝屋川市在日外国人教育基本方針──主として在日韓国・朝鮮人のための教育	○	○		○			○	○	○
40	1993	枚方市	在日韓国・朝鮮人問題に関する教育基本方針	○	○		○					○
41	1993	守口市	在日外国人教育に関する指導の方針──主として在日韓国・朝鮮人幼児・児童・生徒に関する指導について	○	○		○			○	○	○
42	1993	熊取町	熊取町在日外国人教育に関する指導の指針	○	○		○			○	○	
43	1993	宝塚市	宝塚市在日外国人教育指針	○	○		○	○			○	○
44	1993	桜井市	在日外国人（主として韓国・朝鮮人）幼児・児童・生徒に関する指導指針	○	○		○					
45	1993	荒川区	区立学校に在学する在日外国人（主として、在日韓国・朝鮮人）児童生徒に関わる教育指導について	○	○			○				○

No.	年	自治体	名称									
46	1994	川西市	川西市在日外国人教育指針――主として在日韓国・朝鮮人幼児・児童・生徒の教育	○	○		○	○		○	○	○
47	1994	伊丹市	伊丹市在日外国人教育方針――主として在日韓国・朝鮮人教育について	○			○				○	○
48	1994	東京都	公立学校に在学する在日外国人児童・生徒に関わる教育指導について	○	○							
49	1995	御所市	在日外国人（主として韓国・朝鮮人）幼児・児童・生徒に関する指導指針	○	○		○			○		
50	1996	三田市	三田市在日外国人教育基本方針	○	○		○				○	○
51	1996	大和高田市	在日外国人教育に関わる指導指針	○	○		○			○	○	○
52	1996	墨田区	東京都墨田区・在日外国人児童・生徒教育方針	○				○				
53	1997	奈良市	在日外国人幼児児童生徒に関する指導指針	○	○		○					
54	1997	平塚市	在日外国人（主として韓国・朝鮮人）に関わる教育の基本方針 関わる教育の指針――学校教育における指導のあり方	○	○	○	○	○	○	○	○	○
55	1997	泉大津市	泉大津市在日外国人教育に関する指導の指針	○	○					○	○	○
56	1997	滋賀県	在日韓国・朝鮮人児童生徒に関する指導指針	○	○		○			○	○	
57	1997	福岡県	学校教育における在日外国人の人権に関する指導上の指針	○		○				○		
58	1997	呉市	在日外国人児童生徒の教育に関する基本的な考え方について――主として在日韓国・朝鮮人児童生徒の教育に関して	○	○		○			○	○	○
59	1998	橿原市	在日外国人（主として韓国・朝鮮人）教育に関する指導指針	○			○			○	○	○
60	1998	川崎市	川崎市外国人教育方針――多文化共生の社会をめざして	○	○	○	○			○	○	○
61	1999	福岡県	学校教育における在日外国人の人権に関する指導上の指針	○		○				○		
62	1999	大和郡山市	大和郡山市外国人教育指導指針	○		○	○			○	○	○
63	2000	太子町	在日外国人教育に関する指導の指針	○		○		○		○	○	

64	2000	神戸市	在日外国人児童生徒に関わる指導について		○	○	○			○	○	○
65	2000	兵庫県	外国人児童生徒に関わる指導指針	○	○	○	○		○	○	○	○
66	2000	千早赤阪村	在日外国人教育に関する指導の指針		○	○		○		○	○	
67	2001	大阪市	在日外国人教育基本方針——多文化共生の教育をめざして	○	○	○				○	○	○
68	2003	三重県	外国人等児童生徒の人権に係る教育指針		○	○				○	○	○
69	2005	柏原市	柏原市在日外国人教育基本方針	○		○	○	○	○	○	○	
70	2005	川崎市	川崎市多文化共生社会推進指針——共に生きる地域社会をめざして			○	○			○	○	○
71	2005	滋賀県	外国人児童生徒に関する指導指針		○			○		○	○	
72	2006	泉佐野市	泉佐野市在日外国人教育の指導に関する指針	○		○	○	○		○		
73	2007	山梨県	やまなし多文化共生推進指針（素案）		○	○						
74	2008	加古川市	外国人児童生徒に関する指導指針	○		○	○			○	○	○
75	2010	大分県	大分県在住外国人に関する学校教育指導方針	○	○	○			○	○	○	○
76	2011	播磨町	播磨町教育振興基本計画	○	○	○						
77	2012	鳥取県	鳥取県人権教育基本方針	○	○				○			○
78	2013	松阪市	松阪市外国人児童生徒の人権に関わる教育指針		○	○			○	○	○	○
			合　　計	67	55	20	60	27	9	60	54	41

【注】第4章

1　本論が分析対象とする方針・指針は、『第35回全国在日外国人教育研究集会
資料集』（全国在日外国人教育研究協議会、2014年、pp.17-18）に掲載された1970
年以降方針・指針一覧表に基づいている。その中で、1970年代から1994年ま
での外国人教育方針・指針は、鄭らの文献（1995）に掲載されているものを分
析対象とした。

2　カール・A グラント、グロリア・ラドソン＝ビリング編著、中島智子、太田
晴雄、倉石一郎訳（2004）「偏見」『多文化教育事典』明石書店、pp.302-303。

3　磯田三津子（2014）「京都市公立学校における外国人教育の概念の検討——1970
年代の市民運動と外国人教育方針の内容分析を通して」『埼玉大学紀要　教育
学部』63（2）、pp.99-110。

4　例えば、アップルとビーンは、以下の文献の中で、社会問題や差別的な状況
を改善する教育課程と学校改革の事例を紹介している。マイケル・W・アップ
ル、ジェームズ・A・ビーン編、澤田稔訳（2014）『デモクラティック・スクー
ル——力のある教育とは何か』上智大学出版。

第5章　京都市小学校外国人教育研究会と本名をめぐる教育実践

1.「本名を呼び名乗る」教育実践

　1981年の発足以来、外教研は、授業研究会、見学研修会、講演や授業実践の報告といった内容の研修会を行っている。その研修会のテーマのひとつが、「本名を呼び、名のることのできる学級・学校づくりをすすめよう」である。

　本名を呼び名乗るというスローガンは、1970年代に大阪市で始まった在日コリアンに対する差別の排除をめざす教育をめぐる運動及び、教育実践の目標として位置づけられてきた（稲富2009、pp.95-96）。外教研は、大阪市の運動[1]と教育実践の影響を受け、1981年から今日まで、本名を呼び名乗る学級・学校づくりを研究会のめざすテーマのひとつとして取り組んできたのである。このように、長年に亘って、本名を呼び名乗る実践の在り方について研究・実践してきた外教研に焦点を当てることは、本名を呼び名乗る教育とは何なのか、そしてそれを教師がどのように捉え、どのような実践を行ってきたのかを知るための手がかりとなる。

　外国につながりのある子どもの本名を呼び名乗る教育実践に関しては、ハタノや薮田の研究がある（ハタノ2009；薮田2013）。それらの先行研究の特徴は、次の二つにまとめることができる。第一は、1980年代に入って

日本で暮らし始めるようになったニューカマーの子どもたちに焦点を当てていることである。第二は、本名を呼び名乗る取り組みが、ニューカマーの子どもと彼らを支える教師らによってどのように捉えられ、今日、その意味がいかに変容しているのかについて論じられていることである。これらの先行研究は、近年の外国につながりのある子どもの名前をめぐる教育実践の在り方を理解するためには意味がある。しかし、これらの先行研究は、その原点である在日コリアンの子どもたちをめぐって、本名を呼び名乗るというスローガンを教師がどのように解釈し、実践しようとしてきたのか、その考え方を教育実践の観点から明らかにしたものではない。

　外国につながりのある子どもをめぐる教育実践のひとつのスローガンとされてきた本名を呼び名乗る教育実践が目指してきたことは何かを明らかにすることは、これからの外国につながりのある子どもの名前をめぐる教育実践のあり方を考えるためにも意味がある。

　そこで、本章では、外教研が主催する研修会に焦点を当て、その中で本名を呼び名乗ることを目指す教育実践のために、どのような教師の力量の形成を促すことを試みてきたのかを明らかにすることを目的とする。以上の目的を明らかにするために、本章は、次の手続きに従って論を進める。第一は、外教研の活動方針とされている本名を呼び名乗る教育実践の意図を明らかにすることである。第二は、外教研の研修会における教師の語り及び、実践報告を考察することである。

　筆者は、2012年より外教研の研修会に参加してきた。本章は、そこで収集した2012年以降の研修会資料と、1994年度から2019年度までの研修会及び研究会に関する資料を考察の対象とする。

2.　京都市小学校外国人教育研究会の活動指針

　本節では、京都市の外教研の活動方針の内容を考察することを通して、外教研が考える本名を呼び名乗る教育実践の目的を明らかにする。その

ために、ここでは、まず、外教研がどういった目的で活動してきたのか、1994年度から2017年度までの活動方針を振り返る。外教研の活動方針は、**表8**「京都市小学校外国人教育研究会活動方針（1994年度～2019年度）」にまとめた。

表8の通り、1999年度から2005年度までの外教研の活動方針は、「本名を呼び名乗ることのできる学級・学校づくりを進めよう」である。この6年間は、活動方針の中心に本名を呼び名乗ることを位置づけている。それ以外の時期は、本名を呼び名乗ることを活動方針とは位置づけていない。一方で、各年に設定された活動方針は、それぞれ本名を呼び名乗る目的と関連付けられている。例えば、1994年度から1998年度及び、2006年度から2008年度の活動方針は、「民族差別をなくすことをめざす創意ある実践の推進（を進めよう）」である。このように、活動方針には本名に関する記述はない。しかし、外教研は、この活動方針の中に「本名を呼び、名乗れるような学級集団の確立」の考えも含まれていることを示している[2]。つまり、在日コリアンであることを隠さずに、韓国・朝鮮の名前、すなわち本名で日本人と在日コリアンが呼び合える学級・学校が民族差別のない理想であると考えられていることがわかる。

2009年度から2019年度の活動方針について、外教研は、「さまざまな民族的なルーツをもつ子どもたちが自分を大切にし、互いの違いを生かし合える学校・学級づくりを進めよう」と設定した。外教研によると、この目的は本名の問題に集約される[3]。つまり、本名を呼び名乗ることができる学級・学校は、在日コリアンの子どもと日本人の子どもたちがお互いの違いを尊重し合える環境によって実現されるものである。以上のことから、本名を呼び名乗ることのできる学級・学校をめざすことは、差異を尊重し差別や偏見のない状況の実現を意味すると理解することができる。こうした差別や偏見のない学校・学級すなわち、本名を呼び名乗ることのできる学級・学校の実現は、外教研の活動方針の中心となる考え方としてこれまで位置づけられてきたのである。

このように外教研が研究主題として在日コリアンの本名を呼び名乗ることを取り上げるのには、在日コリアンに対する差別をめぐり本名から日本名に変えざるを得なかった差別と抑圧の歴史があることに注目すべきである。外教研は、在日コリアンの名前をめぐる差別と抑圧の歴史について、在日コリアンの「名前（本名）の問題の中に様々な歴史的・社会的な問題が象徴的に現れている」ことを指摘する[4]。在日コリアンの名前をめぐる歴史的問題としてあげることができるのは創氏改名である。水野は、創氏改名には同化と差異化の双方の側面が存在すると論じている（水野 2009、pp.231-232）。しかし、創氏改名は、皇民化政策において、韓国・朝鮮の人々に対して強いられ、実施された政策である。こうした側面に重きを置いて、外教研は、創氏改名を韓国・朝鮮の人々の民族性を奪い同化を進める歴史上の問題の一つとして捉えている。そのことは、外教研の教師が実践する6年社会の授業実践において、創氏改名が在日コリアンの通称名使用の原点であることを子どもたちに知らせていることからも読み取ることができる[5]。このように、外教研の教師は、本名を名乗れない状況を、在日コリアンに対する同化と抑圧を象徴する問題として捉えているのである。

　次に、在日コリアンが通称名（日本名）を名乗らざるを得なかった問題についてである。その問題のひとつとしてあげられるのが、在日コリアンに対する様々な差別を回避する手段としての通称名の使用である。差別の中でも、通称名を名乗らざるを得なくなった顕著な出来事は、在日コリアンに対する就職差別と入居差別である。金は、1970年代初頭の小沢有作らの在日コリアンと未解放部落出身者の企業の採用状況についての調査に基づいて在日コリアンに対する就職差別に焦点を当て、その実態を明らかにした（金 1991、pp.104-108）。そこには、多くの在日コリアンの人々が就職差別を回避するために、通称名を名乗り、日本人として採用に応募することを選択するようになっていったことが報告されている。通称名を名乗ることについて、金は、「いったん日本名を名乗って日本の職場に働くとなると、自己の家族の事情を隠す必要があり、その親（朝鮮人）を否定し

表8　京都市小学校外国人教育研究会活動方針（1994年度－2019年度）

1994年度~1998年度： 　民族差別をなくすことをめざす創意ある実践の推進
1999年度~2005年度： 　本名を呼び名乗ることのできる学級・学校づくりを進めよう
2006年度~2008年度： 　民族差別をなくすことをめざす創意ある実践を進めよう
2009年度~2019年度： 　さまざまな民族的なルーツをもつ子どもたちが自分を大切にし、互いの違いを生かし合える学校・学級づくりを進めよう

たり、その存在をヒタ隠しに隠す」ことになると言う（金 1991、p.10）。金によれば、通称名を名乗ることは、「現存する人間が消える」ことでもある（金 1991、p.10）。こうした金の指摘に基づくと、在日コリアンが通称名を名乗ることは、在日コリアンである自分自身の存在を隠すことであり、そのことによって在日コリアンである家族、そして自らの存在を否定することにつながることなのである。

　以上の通り、名前をめぐる歴史や近現代の社会における出来事を振り返ると、在日コリアンに対する差別や偏見の実際が明確になってくる。こうした背景に基づいて、外教研の教師は、本名を呼び名乗るというスローガンの中に、在日コリアンに対する差別を省みる視点を含めながら、差別のない学校・学級づくりに取り組んできたのである。子どもたちが学級・学校において、本名を名乗るということは、在日コリアンとしての民族性と誇りを取り戻すことであり自己肯定へと向かうことを目指す実践でもある（在日コリアン教育研究会 2000、p.70）。こうしてみると、外教研の考える本名を呼び名乗ることのできる学校・学級とは、すなわち、差別や偏見のない学級・学校であり、在日コリアンの子どもたちが出自を隠すことなく、

自らの民族性について肯定することができるような状況を意味すると考えることができるのである。

3. 在日コリアンの子どもと教師のエピソード

　本節では、外教研の教師たちが在日コリアンの子どもたちが自己肯定できる差別や偏見のない学校・学級づくりに向けてどういった教師の力量を形成しようとしてきたのかについて、外教研の研修会の内容を検討することを通して明らかにする。ここでは研修会で語られた在日コリアンの子どもをめぐる教師のエピソードを考察する。

　前述した通り、外教研は、本名を呼び名乗る学級・学校づくりを活動目標として、主に年に4回程度の研修会を行っている。その中でも、本節では、5月と2月に行われている研修会における教師の報告に焦点を当てる。5月と2月の研修会では、授業研究会の総括や、実践報告が行われている。本節では5月と2月の研修会における教師の報告に注目し、そこでの教師の語りを取り上げて考察することを通して、本名を呼び名乗る実践において必要とされる教師の力量を明らかにするための手がかりとしたい。

　5月と2月に行われる研修会における教師の報告は、次の二つに分類することができる。それは、①「在日コリアンの子どもをめぐるエピソードについての教師の語り」と②「実践報告」である。①「在日コリアンの子どもをめぐるエピソードについての教師の語り」は、在日コリアンの子どもをめぐる学級の出来事についてである。②「実践報告」は、各教科、学級活動などの実践報告である。1994年度から2016年度までの報告は、【資料3】「京都市小学校外国人教育研究会研修会における実践報告・授業実践報告（1994年から2016年）」にまとめた。

　【資料3】を概観すると、次の2点を、教師の報告の特徴として読み取ることができる。第一は、①「在日コリアンの子どもをめぐるエピソードについての教師の語り」が、在日コリアンに対する教室における差別や偏見

の実際と、差別の排除に取り組む教育実践の報告が中心となっていることである。第二は、②「実践報告」において民話、物語、あそびを低・中学年で取り組み、6年社会の近現代史で在日外国人児童生徒教育の実践が行われていることが報告されていることである。

　【資料3】によると、①「在日コリアンの子どもをめぐるエピソードについての教師の語り」は、1994年から1999年の間に報告されおり、2000年以降からは②「実践報告」が中心となる。1994年から1999年までの①「在日コリアンの子どもをめぐるエピソードについての教師の語り」は、合計16である。その中でも、【資料3】の12番「在日韓国・朝鮮人の子どもとの出会い——保健室から思うこと」と32番「チョゴリが輝く時」は、在日コリアンの子どもの在籍数が少ない小学校で行われた韓国・朝鮮の文化に関する学習についてである。この二つの報告では、これまで出自を明らかにしてこなかった在日コリアンの子どもが、韓国・朝鮮に関する学習を通して、在日コリアンであることを明らかにしたことや、韓国・朝鮮についての学習がきっかけとなって朝鮮学校へ進学することを決めたことについて語られている。こうした、在日コリアンの子どもが少ない小学校については2つの報告のみである。

　一方で、12番、32番以外の合計14の報告には、在日コリアンの子どもや保護者が差別や偏見に対して不安を抱いている状況、そして実際に教室で起こる差別や偏見に関わる出来事と、その解決に向けての教師の取り組みが報告されている。その典型的な例として【資料3】の2番「『せんせい、韓国語であいさつしてもいい？』——3年、4年での在日韓国・朝鮮人とのこどもとの関わりから」をあげることができる。報告に登場する在日コリアンの子どもAは、給食で「いただきます」の声かけや、帰りの会で「さようなら」を韓国・朝鮮語で言う。Aは、在日コリアンであるということを隠そうとはしない。一方で、子どもたちは、韓国・朝鮮語を用いるAに対して否定的な態度をとることがある。それなのにもかかわらず、Aは、教室で韓国・朝鮮語の挨拶をし続ける。太田によれば、母語を隠す

ことは自分や親を否定することでもある（太田 2005、p.62）。この考え方に
従えば、韓国・朝鮮語を話すことは在日コリアンであるＡにとって親、そ
して自分自身を肯定することのできる重要な表現であったと考えることが
できる。その意味を認識していたＡの担任教師は、Ａが韓国・朝鮮の文化
を明らかにできる学級づくりに向けた活動として、あそび集会で韓国・朝
鮮のすごろくであるユンノリで遊んだり、社会の授業で「どうして日本に
はこんなに多くの韓国・朝鮮人が住んでいるのか」といった授業実践を行
った。担任教師は、こうした学習を通して、学級の子どもたちが在日コリ
アンや韓国・朝鮮の文化についての理解を深め、Ａ自身が韓国・朝鮮語を
使うことや、本名を名乗りやすい学級づくりを行っていったのである。こ
のように、Ａをめぐる実践報告では、在日コリアンに対する差別や偏見の
実際と、それらを排除するための教育実践が報告されている。

　Ａをめぐる報告のように、①「在日コリアンの子どもをめぐるエピソー
ドについての教師の語り」は、在日コリアンの子どもに対する差別や偏見
の実際及び、そうした状況を改善するための教師の教育実践が様々な子ど
もとのエピソードと共に語られている。

4.　教師の語りにみる在日コリアンをめぐる課題

　前節では、外教研が本名を呼び名乗ることをスローガンとした研修会を
通して、教室における差別と偏見の実際と、その実際を改善する教師の取
り組みが報告されている状況について整理した。本節では、研修会でこう
した報告を通して、外教研の教師はどういった意識を共有していったのか
について考察する。

　外教研は、本名を呼び名乗ることのできる差別や偏見のない学級・学校
づくりを活動方針として教育実践を展開してきた。その背景には、在日コ
リアンの子どもたちや韓国・朝鮮に対する差別や偏見が教室や学校の中に
ある。こうした差別や偏見は、たとえば、【資料3】の11番「在日韓国・

朝鮮人の子どもとの出会いの中で──学級での取り組みを通して」の報告から読み取ることができる。この報告では、出自をからかわれた在日コリアンの子どもの存在と、その子どもとの出会いがきっかけとなって在日外国人児童生徒教育に取り組みはじめた教師自身の経験が語られていた。教師は、その後、担任した学級において、Bという在日コリアンの子どもと出会い、在日コリアンであるBとより良い関係を築くための取り組みを行った。例えば、Bの韓国旅行についての日記を学級で発表することや、韓国・朝鮮の物語や遊びの紹介である。こうした学習を通して、日本人の子どもたちは、韓国・朝鮮、そして在日コリアンの友だちについての理解を深めていった。

　【資料3】の11番及び、前節で取り上げた2番の報告のように、外教研の教師の中には、在日コリアンの子どもに対する差別や偏見に関わる出来事がきっかけとなって、子どもたちの韓国・朝鮮をテーマにした教育実践を行うようになっていった教師もいる。池上によれば、争いや排斥の背景には、個人的な利害やうらみがあるわけではなく、例えば、国籍や民族といった社会的属性に対して抱かれる悪感情や偏った考え方があるという（池上 2014、pp.4-5）。こうした集団に対する悪感情や偏った考え方が偏見であり、それに対する争いや排斥といった攻撃を差別という。研修会における教師の報告からわかるのは、子どもの中にも、在日コリアンに対する社会的属性に基づいた否定的な意識があるということである。

　こうした否定的な意識をどのように改めたらよいのかについて、教師は、子どもとの関わりの中で考えて、実践に取り組んできたことがわかる。そのことは、【資料3】の18番「授業『白い小びん』を通して」の報告にも表れている。そこでは、子ども同士のけんかで、日本人の子どもが在日コリアンの子どもに対して、「日本から、出ていけ」と言ったことが報告されている。メンミは、差別が「現実上の、あるいは架空の差異に普遍的、決定的な価値づけをすることであり、この価値づけは、告発者が己れの特権や攻撃を正当化するために、被害者の犠牲をも顧みず、己の

利益を目的として行うものである」と述べている（メンミ著、白井、菊地訳1971、p.226）。メンミの論に基づけば、学級・学校の中にも、差異に対する否定的な価値づけは存在する。それは、けんかなど、自分自身が優位に立ちたいと思う場面において、その意識が明らかになることがある。

　好井は、前述したメンミの定義において注目すべきであるのが差別－被差別という二分法的見方であると指摘する（好井 2015、p.51）。外教研の教師の報告からわかるのは、好井が指摘する差別－被差別の関係が教室にも存在しているということである。そのことは、日常の様々な場面で現れる。そしてその差別－被差別の関係が教室の中で明らかになった際、教師としてその実際とどう向かい合えば良いのかという課題が浮かび上がってくるのである。以上からわかるのは、①「在日コリアンの子どもをめぐるエピソードについての教師の語り」を通して教師に共有されてきたことは、本名を呼び名乗ることのできる学級・学校づくりに向けて、まず、教師が学級の中にも民族による差別や偏見があるという現実を認識すること、そして差別や偏見が明らかになった際、その状況を改善するための教育実践を行うことの必要性である。

5.　在日コリアンの子どもたちとの関わりにおける教師の専門性

　外教研の研修会では、①「在日コリアンの子どもをめぐるエピソードについての教師の語り」を通して、教室における差別－被差別の実際が存在することを知り、その克服に取り組む教師の姿を共有することに取り組んできた。それでは、差別－被差別の関係をどのように克服したら良いのか、その具体的な方法については、②「実践報告」から読み取ることができる。本章では、②「実践報告」の内容を通して、外教研が考える在日外国人児童生徒教育を実践するための教師の専門性とは何かについて考察する。

　【資料3】によると、②「実践報告」については、特別活動（18）、総合

的な学習の時間（16）、道徳（2）、国語（2）、音楽（1）、社会（16）についての内容が報告されている（括弧内の数字は報告数）。以上のように、②「実践報告」の中心は、特別活動、総合的な学習の時間、社会である。

　まず、特別活動と総合的な学習の時間についての報告の内容は、次の三つの活動に分類することができる。第一は、民話、遊びの体験である。第二は、韓国・朝鮮につながりのある人々と交流することである。第三は、作文集や物語を読んで日本と韓国・朝鮮の関係及び、差別の実際を知ることである。これらの学習は、道徳、国語、音楽においても行われている。

　特別活動と総合的な学習の時間におけるあそび、民話、物語に親しむことや、韓国・朝鮮につながりのある人と交流することは、韓国・朝鮮に対する肯定的なイメージを育てることを目的とする。こうした学習と異なるのが、【資料3】の14番「在日コリアンの子どもたちの作文集『ミレ（未来)』を基に日本にある差別の問題について知る。」である。この実践は、4年生で行われた。教師は、作文集を読む前の事前学習として、朝鮮初級学校の子どもたちとの交流会を開いている。その後、朝鮮初級学校の子どもが書いた「人間として正しく生きることは」というタイトルの作文を読む。この作文には、在日コリンの子どもが「日本は韓国人のいるところではない」と言われた経験と、そういった差別を受けながらも在日コリアンであることを隠さずに日本で生活したいという気持ちが記されている。ここで、実践者である教師は、子どもたちに韓国併合によって多くの人々が韓国・朝鮮から日本に渡ってきたことを知らせており、日朝関係についての歴史を学ぶことの必要性を明らかにしている。

　外教研の研修会では、1994年以降、合計16の社会に関する「実践報告」が行われている。その中の15の報告が6年生である。その内容は、「韓国併合」（8）、「豊臣秀吉の朝鮮侵略」（1）、「関東大震災と朝鮮人襲撃」（3）、「創氏改名」（2）、「朝鮮通信使」（1）である（括弧内には報告数を記した）。以上のように、外教研は、「朝鮮侵略」や、「韓国併合」といった近現代における日本と韓国・朝鮮との関係を在日外国人児童生徒教育の学習内容

としている。その中でも、注目すべきであるのは、「韓国併合」の学習内容である。【資料3】にまとめた通り、「韓国併合」については、8つ実践報告がある。このことから、「韓国併合」は、6年社会における外国人教育の中心的な教材であることがわかる。在日外国人児童生徒教育としての「韓国併合」の学習の特徴は、歴史の事実を学ぶだけではなく、抑圧されていた韓国・朝鮮人や在日コリアンの気持ちを理解することが、学習目標として位置づけられていることである。その中には、「日本の植民地になった朝鮮の国で、そこに住む人々はどんな思いだったのかを、同じ立場になって考えている」という評価規準を設け、韓国・朝鮮の人々の心情について考えさせ、感想を書かせる活動が位置づけられている授業もある。そこでは、「韓国併合」がきっかけとなって日本に渡ってきた在日コリアンのことも学習する。その学習の中でも、日本に渡ってきた韓国・朝鮮人の気持ちを考える作文を書く活動を行っている。

　「韓国併合」の時の朝鮮人の心情を共感的に理解しようとする学習は、【資料3】の中の「創氏改名」「関東大震災と朝鮮人襲撃」の授業も同様である。このようにして、外教研の6年社会では、抑圧－被抑圧、あるいは好井が論じた差別－被差別の関係が歴史の中に存在する事実を子どもたちに知らせる。さらに、こうした歴史の学習では、被抑圧、被差別の立場にあった韓国・朝鮮人や在日コリアンの心情について考えさせることを通して、抑圧や差別の問題についての理解を促す活動が位置づけられている。

　以上からわかるのは、外教研の研修会の②「実践報告」において、外教研は、在日外国人児童生徒教育を実践することができる次のような専門性を育てようとしていたことである。第一は、韓国・朝鮮の民話、物語、あそびを教材化し、子どもたちが韓国・朝鮮に親しむことのできる実践を行うことができること、第二は、「韓国併合」を中心とした近現代における社会の授業の中で、日朝関係について抑圧された人々の心情を理解するという学習内容を取り入れて授業実践を行うことができることである。

6.　本名を呼び名乗る教育実践の意味

　本章では、京都市の外教研が主催する研修会に焦点をあて、外教研が考える本名を呼び名乗る教育実践についての考え方を明らかにし、そこで必要とされる教師の力量とは何かについて考察してきた。

　外教研は、本名を呼び名乗る学級・学校づくりについて、差別や偏見のない学級づくりと同じように捉えていることが明らかとなった。つまり、それは、本名を用いること自体を目的としているのではなく、在日コリアンの子どもが本名を名乗ることが可能となるような学級・学校の実現ということである。

　こうした目的に基づいて、外教研が、育成しようとしてきた教師の力量は、次の3点である。第一は、学校・教室の中の子どもの間に民族差別があるという事実を知り、それを解決するために取り組むことの必要性を教師が認識できることである。第二は、韓国・朝鮮の民話、物語、あそびを教材として韓国・朝鮮に親しみ、肯定的なイメージの形成をめざす教育実践を行うことである。第三は、「韓国併合」を中心とした近現代史における日朝関係を社会と在日外国人児童生徒教育双方の学習内容に取り入れて授業実践を行うことである。

　これらの力量を形成することは、教室に在日コリアンの子どもが在籍している教室を担任する教師にとって意味がある。前述した三つの教師の力量の中でも、特に、民族や国といった社会的属性によって、教室においても差別や偏見に関わる問題が生ずるという事実を教師が把握すること。そういった教室における差別や偏見の実際から目を逸らすことなく、現状の改善に取り組もうとすることは、在日外国人児童生徒教育を進展させる重要な第一歩であるといえる。

　差別や偏見の排除に向けての教育実践として、韓国・朝鮮のあそびや民話など、子どもたちが楽しいと思える教材を用いた教育実践を行うことは大切な取り組みである。こうした学習は、小学校低・中学年には適した活

動であるといえる。それに加えて、重要なのが、6年社会の歴史の学習である。外教研で報告されていた6年社会の近現代史の学習の中で、韓国・朝鮮について学習することは、日朝関係において韓国・朝鮮の人々が置かれていた状況と、在日コリアンが存在することを関連づけながら理解するために意味がある。しかし、こうした関係に基づいた日朝関係史についての学習が、今日の在日コリアンに対する差別や偏見の排除に向けてどのような意味があるのかは明らかではない。これから必要となってくるのは、従来の近現代史の学習に加え、現在の在日コリアンの人々に対する差別の実際について知ることである。このように、現在の在日コリアンをめぐる教育内容を構成していくことはこれからの課題である。

【資料3】　京都市小学校外国人教育研究会研修会における実践報告・授業実践報告
（1994年から2016年）

	報告年	学年	教科／特活／総合／報告	報告テーマ／授業タイトル（目標等）
1	1994	3	報　告	本名で生きるA君とともに――3年生の学級での取り組みから
2		3、4	報　告	「せんせい、韓国語であいさつしてもいい？」――3年、4年での在日韓国・朝鮮人のこどもとの関わりから
3		1、2	サラムタイム	「へらない稲たば」の話を聞く。韓国が日本の隣の国であることを知る。
4		5、6	サラムタイム	「へらない稲たば」の話を聞く。日本と朝鮮の関係について知る。
5		1〜3	サラムタイム	朝鮮の昔話（「とらとふえふき」）の話を聞く。
6		4〜6	サラムタイム	在日の由来についてふれる。テープで「白い小びん」と「日本ととなりの国」を聞く。
7		4〜6	サラムタイム	朝鮮の昔話（「おどりトラ」）を聞き、その楽しさにふれる。
8		？	国　語	「白い小びん」
9		6	社　会	単元：新しい日本への歩み－日清日露戦争　＊韓国併合
10		？	社　会	単元：わたしたちの生活と政治　わたしたちのくらしと憲法「基本的人権」
11	1995	1〜6	報　告	在日韓国・朝鮮人の子どもとの出会いの中で――学級での取り組みを通して
12		1〜6	報　告	在日韓国・朝鮮人の子どもとの出会い――保健室から思うこと
13		1〜6	報　告	外国人教育週間の取り組みから
14		4	人権学習	在日コリアンの子どもたちの作文集「ミレ（未来）」を基に日本にある差別の問題について知る。
15		6	社　会	単元：日本のあゆみ（二）　日清・日露の戦争と条約改正　＊韓国併合
16	1996	1	報　告	一年生の子どもたちと・・・
17		1	報　告	一年たちと出会って
18		3	報　告	授業「白い小びん」を通して
19		5	報　告	五年生のクラス
20		1	学級活動	ハングルカルタで遊ぶ
21		3	国　語	物語「白い小びん」
22		4	学級指導	朝鮮相撲「シルム」
23		6	社　会	単元：武士の世の中（2）天下統一への道　＊豊臣秀吉の朝鮮侵略
24	1997	3	報　告	「子どもと朝鮮がつながること。そして、人と人とがつながること。」――クラスの取組を中心に
25		2	報　告	中国帰国児童をめぐって

26		3	音　楽	「故郷の春」「モリオッケムルップパルム」「小さな世界」（ハングル）を歌う。
27		6	社　会	単元：新しい日本への歩み「日清・日露の戦争と条約改正」＊関東大震災と朝鮮人襲撃
28	1998	1〜4	報　告	「先生、約束のもん持って来てん。小さいとき、わたしこのチョゴリ着ててん。」
29		2	報　告	一年間を振り返って
30		5、6	報　告	「ぼくは韓国人としてほこりをもてるようになりました。」——5年・6年での在日韓国・朝鮮人の子どもとの関わりから
31	1998	6	社　会	単元：戦争と国民生活　太平洋戦争とアジアの人々——創氏改名（皇民化政策）＊創氏改名
32	1999	2、3	報　告	「チョゴリが輝く時」
33		2	報　告	A児との関わり
34		6	報　告	6年社会科学習からのアプローチ—「ぼくは、本名を大切にしていく」
35		6	社　会	単元：新しい日本のあゆみ（1）　2 日清・日露の戦争と条約改正（1）日清戦争と日露戦争　＊韓国併合
36	2000	6	報　告	「私も韓国人やけど、けっこう日本人やし〜」を受けて——6年生の社会科から総合的な学習を通して
37		6	社　会	単元：日清・日露の戦争と条約改正　日本やロシアとの戦争——韓国併合　＊韓国併合
38		6	まい・ちゃれんじ	韓国・朝鮮の人となかよくなろう
39		6	社　会	単元：戦争と国民生活　太平洋戦争とアジアの人々——創氏改名（皇民化政策）＊創氏改名
40		4	総合的な学習の時間	単元：みんなでマダンをひらこう
41	2001			報告及び授業報告なし
42	2002	6	報　告	6年生と歩む外国人教育——社会科　総合的な学習の時間を通して
49	2003			報告及び授業報告なし
50	2004	6	社　会	単元：世界に歩み出した日本　＊韓国併合
51	2005	5	けやき学習「外国人教育」	日本に住んでいる外国籍の人々について知る。（どうしてこんなに多くの韓国・朝鮮の人々が日本に住んでいるのだろうか）
52	2006	2	学級活動	韓国・朝鮮のあいさつのことばや動物の鳴き声
53		5	人権学習（外国人教育）	朝鮮半島と日本が「似ているところ」「ちがうところ」
54		6	社　会	単元：世界に歩み出した日本　＊韓国併合
55		2	ふれあい学習	おとなりの国　かん国・ちょうせん
56	2007	3	道　徳	「外国の文化マダン」
57	2008	6	社　会	単元：世界に歩みだした日本　＊韓国併合

58	2008	5	人権の学習	朝鮮通信使について知り、絵巻を描く準備をする。
59	2009	5	ふれあい学習	A朝鮮中高級学校を知ろう
60	2010	6	社　会	単元：世界に歩みだした日本　＊韓国併合
61	2011	3	学級活動（外国人教育）	三年とうげ・清水の三年坂
62	2012	2	学級活動	韓国・朝鮮の歌遊びをたのしもう「はじめて会った友だちどうし」
63	2013	6	社　会	単元：世界に歩み出した日本　＊関東大震災と朝鮮人襲撃
64	2014	6	社　会	単元：戦国の世から江戸の世へ　＊朝鮮通信使
65	2015	6	社　会	世界に歩み出した日本——関東大震災と朝鮮人襲撃事件　＊関東大震災と朝鮮人襲撃
66	2016	4	道　徳	友達

＊1　「在日コリアンの子どもをめぐるエピソードについての教師の語り」に 網掛け をした。

＊2　6年社会の「報告テーマ／授業タイトル（目標等）」の＊の記述は、本時の内容について記した。

【注】第5章

1 稲富によると、在日コリアンへの民族差別に関する市民運動や教育運動は、兵庫、大阪、広島、福岡、小倉といった地域で 1960 年代の部落解放運動の影響を受けて展開された。

2 外教研の研究会資料『京都市小学校外国人教育研究集会』（1994 年から 2017 年）

3 『2017 年度　京都市小学校外国人教育研究会総並びに授業研修会』、p.3。

4 同上。

5 創氏改名については、6 年社会の単元「長く続いた戦争と人々のくらし」の中で学習する。在日外国人児童生徒教育としては、「朝鮮の人々の生活やくらしを抑圧するだけでなく、民族としての誇りをも傷つけたことに気づくようにする」という目的が設定されている。そして、創氏改名が多くの在日コリアンが日本名を名乗ることの始まりとなったことを押さえ、朝鮮名を守りたい思いについて考えさせ、本名の意味を考える機会としている。京都市小学校外国人教育研究会（2012）『6 年社会科　外国人教育指導内容試案（渡来人～孫基禎とベルリンオリンピック）』

第6章 京都市小学校外国人教育研究会と6年社会科の日朝関係史

1. 在日コリアンの歴史をめぐる教育実践

在日外国人児童生徒教育は、関東では東京、神奈川、関西では兵庫、大阪といった地域から1960年代より全国に広がった（稲富 2008、p.45）。在日外国人児童生徒教育は、在日コリアン及びその他の外国につながりのある子どもたちをめぐる教育について研究する全国組織である全外教において、在日コリアンを含める外国につながりのある子どもたちをめぐる教育において用いられてきたことばである。在日外国人児童生徒教育は、各自治体が外国人児童生徒に関する教育の在り方を示した方針・指針においても同じ意味で用いられている。一方で、現在、外国につながりのある子どもたちをめぐる教育実践は多文化共生教育といったことばで表されることもある[1]。しかし、1970年代より、外国につながりのある子どもをめぐる教育について取り組んできた教師たちは一貫して在日外国人児童生徒教育ということばを用いている[2]。

在日コリアンを対象とした在日外国人児童生徒教育は、多くの教師によって提案されてきた。その成果として、例えば、奈良県外国人教育研究会（1994：2007）、『埼玉と朝鮮』編集委員会（1997）、山本すみ子とヨコハマハギハッキョ実行委員会（1999）、兵庫県在日外国人教育研究協議会（2013）

が作成した教材集がある。その他に、在日コリアンを対象とした教育について記した文献には内山の先行研究がある。内山は、朝鮮を正しく知ることの必要性を主張し、日朝関係に関わる歴史を抽出し、授業で使用できる内容について明らかにした（内山 1993）。こうした内山の文献は、日朝関係史を教える際の教師の手がかりとなる。

　以上の通り在日コリアンを対象とした在日外国人児童生徒教育の授業に関する先行研究は、韓国・朝鮮のあそびと歴史に関わる情報がまとめられた教材集が中心である。言い換えれば、これまでの在日コリアンの子どもを対象とした在日外国人児童生徒教育の教材が主として韓国・朝鮮のあそびと日朝関係史が中心であったことがわかる。あそびは子どもたちが韓国・朝鮮を身近に感じ、在日コリアンについて学ぶ入り口としては適している。それに加えて、重要なのが日朝関係史である。特に、歴史を学ぶ入り口となる6年社会で、子どもたちの興味関心をひきつけ、在日コリアンについて学び、歴史を正しく理解するため授業の在り方を明らかにすることは、在日コリアンをめぐる在日外国人児童生徒教育における重要な課題である。ところが、日朝関係史の情報を記した教材は存在するものの、実際、授業において、どのような学習内容と教育方法によって実践することができるのか、その詳細については考察されてこなかった。

　外教研は、2012年に6年社会で日朝関係に関する歴史を抽出し、在日外国人児童生徒教育の考え方を取り入れた指導計画を開発した。それは、『6年社会科　外国人教育指導内容試案──渡来人〜宋基禎とベルリンオリンピック』（以下、『外国人教育指導内容試案』と称す）としてまとめられた。

　本章では、外教研によって開発された6年社会の日朝関係史による在日外国人児童生徒教育の学習内容を明らかにすることを目的とする。そのために、本章は、以下の手続きに従って論を進める。第一は、外教研が作成した指導資料集を取り上げる意義及び、外教研が日朝関係史を在日外国人児童生徒教育の教材とする背景について論じることである。第二は、在日外国人児童生徒教育を実践する際に日朝関係史に焦点を当てることの意味

を明らかにすることである。第三は、在日外国人児童生徒教育の授業実践
の在り方を言及してきた教師及び研究者の日朝関係史の学習についての考
えを整理することである。第四に、第三で整理した教師と研究者の考え方
に基づいて、『外国人教育指導内容試案』を考察することである。

2.　日朝関係史に関する教材開発

　筆者は、2012年より外教研が主宰する研修会に参加してきた。外教研
は、主に年に4回程度の研修会を開催している。5月と2月に行われる研
修会は、日朝関係史、在日コリアンに関するテーマについての講師を招い
た講演会や、外教研の教師による授業実践報告である。8月の研修会は、
日朝関係史に縁のある場所を訪ねる見学研修会である[3]。10月下旬から11
月上旬にかけては、在日外国人児童生徒教育に関する授業実践の参観と授
業研究を中心とした研修会がある。

　これまで授業実践に関する研修会では、外教研が開発した『外国人教育
指導内容試案』に基づいた授業も行われてきた。研修会の案内は京都市内
の小学校に配布され、誰でも参加することができる。本章で考察対象とす
る『外国人教育指導内容試案』は、研修会参加者に配布された冊子であ
る。外教研以外の教師が入手できる指導資料集であることからも、在日コ
リアンの歴史をめぐる在日外国人児童生徒教育をどのように実践していっ
たらよいのかについての京都市の小学校におけるひとつのモデルとしての
役割を果たしてきたといえる。

　他方で、在日外国人児童生徒教育に関する全国規模の団体としては、全
外教がある。全外教は、毎年8月に大会を開き、在日外国人児童生徒教育
に関する研究集会を行っている。全外教事務局長である寺井秀登による
と、在日外国人児童生徒教育には、「確かな歴史認識」「本名（民族名）を
呼び名乗るとりくみ」「就学進路保障のとりくみ」が必要である[4]。この三
つの視点は、全外教発足当初より主張されてきた[5]。全外教に参加する教師

は、この三つの柱の大切さを共有しながら実践・研究に取り組んできたのである。ところが、全外教における実践報告では、「本名（民族名）を呼び名乗るとりくみ」「就学進路保障のとりくみ」が中心であり、社会における歴史の授業を取り扱ったものは少ない[6]。同時に、全外教は、教科教育でいかに在日外国人児童生徒教育を行っていったらよいのか、その授業実践に関する大きな提案を行っていない。したがって、全外教が重点を置いてきた「確かな歴史認識」を育てる社会科に関する実践についてのまとまった研究成果等も明らかにされていない状況にある。

　その一方で、外教研は、在日外国人児童生徒教育の三つの柱の中のひとつである「確かな歴史認識」を育てることを大切にしてきた。そのことは、6年社会科の日朝関係史を中心に指導計画を作成し、研究授業を行ってきたことから明らかである。近年においては、ニューカマーとしての外国につながりのある子どもを対象とした学級活動や道徳の授業を行っている外教研に所属する教師もいる[7]。こうした近年の新たな動向もある。しかし、これまでの外教研が提案する授業の中心として行われてきたのが6年生の社会における日朝関係史の学習である。京都市には在日コリアン集住地域の東九条がある。こうした京都市の背景からも、在日コリアンを対象とした在日外国人児童生徒教育は、重要な課題として外教研の教師の間で引き継がれているのである。そのため成果のひとつが日朝関係史についての指導計画が記された『外国人教育指導内容試案』である。

　外教研が、6年社会科における日朝関係史の授業を開発し、実践を蓄積しながら京都市の教師に提案してきたことには大きな意味がある。外教研が開発した、『外国人教育指導内容試案』からは、小学校の6年社会における在日外国人児童生徒教育としての教育実践のあり方を探ることができる。日朝関係史と在日外国人児童生徒教育については、前述した内山や田渕（1994年）の先行研究もある。しかしその一方で、外教研が作成した指導資料集は、京都市の在日外国人児童生徒教育の実践の実際を理解するための重要な手がかりとなる。

　それでは、なぜ、外教研が社会科の中でも特に歴史に着目するのかについて考察したい。外教研が日朝関係史に注目してきたのは、京都市教育委員会が、1992年に策定した「外国人教育方針」の影響が大きい。「外国人教育方針」では、次の三つの目標を設定している（京都市教育委員会1992、p.4）。

1. すべての児童・生徒に民族や国籍の違いを認め、相互の主体性を尊重し、共に生きる国際協調の精神を養う。
2. 日本人児童・生徒の民族的偏見を払拭する。
3. 在日韓国・朝鮮人児童・生徒の学力向上を図り、進路展望を高め、民族的自覚の基礎を培う。

　上記の2に関しては、特に日本人の子どもたちにとって、在日コリアンに対する民族的偏見や差別を払拭させることを重要な課題として位置づけている（京都市教育委員会1992、p.4）。そこで京都市教育委員会は、在日コリアンについての社会の中にある差別の実態に着目させ、在日コリアンの民族差別の歴史的・政治的背景を中心とする日朝関係史を正しく理解させることの必要性を主張している。そのための具体的な学習内容として、「外国人教育方針」では、明治以降太平洋戦争に至る日本の侵略が韓国・朝鮮に多大な損害を与えたことを踏まえて、今後の近隣アジア諸国との友好親善を進展させることの必要性を指摘しているのである（京都市教育委員会1992、p.6）。こうした学習内容を知ることは、在日コリアンと日本人の子どもたち双方に韓国・朝鮮人と在日コリアンに対する理解を歴史を通して促すのに意味がある。

　一方で、京都市教育委員会は、在日コリアンの子どもたちが民族としての誇りを持つことが必要であることを指摘している（京都市教育委員会1992、p.4）。なぜならば、民族に対する否定的な感覚から解放され、在日コリアンである自分自身を肯定することが自尊感情につながり、結果と

して主体的に未来を展望する意識を育てるからである（京都市教育委員会 1992, p.4、Johnson & Johnson 2002, p.30）。

　稲垣は、こうした差別を恐れ、在日コリアンである自分を隠してきたある生徒が、「どうして韓国・朝鮮人が日本にたくさんいるのか」を日朝関係史を通して理解することによって、自らの認識と行動を捉え直すきっかけとなったことを報告している（稲垣 2014、p.18）。このように、日朝関係史を学ぶことは、客観的に在日コリアンのおかれている立場を理解することができることからも、在日コリアンである自分自身を否定する状況から解放されるひとつの手がかりとなるのである。

3.　在日外国人児童生徒教育としての日朝関係史

　本節では、在日コリアンを対象とした在日外国人児童生徒教育としての歴史、特に日朝関係史に意味を見いだしてきた教師と研究者が、どのような授業を提案してきたのか、その考え方について整理する。そして、ここで整理した考え方を、次節で『外国人教育指導内容試案』を考察する際の視点とする。

　在日外国人児童生徒教育の考え方を取り入れた歴史、なかでも日朝関係史の学習の重要性は何人もの教師によって主張されている。例えば、高橋は、1970年代からの在日外国人児童生徒教育が、朝鮮に対する認識を正しく育む実践であったことを指摘した。その際、日朝関係史は、第一に、在日コリアンの子どもたちが歪められた朝鮮観を転換することによって自己を肯定すること、第二に、日本人の子どもたちの朝鮮観を問い直すという点において意味があることを述べている（高橋 1997、p.4）。このように、在日コリアンへの抑圧の歴史、そして本名を名乗れないことや差別の実際について、それらがなぜ生じてきたのか、その理由を理解するために日朝関係史の学習は重要視されてきたのである。ここから理解できるのは、在日コリアンをめぐる今日の問題が、歴史に起因しており、その歴史をふま

えて自分自身の認識をどのように変化させていけば良いのかを考える一つ
のきっかけとなると考えられていることである。

　それでは、教師や研究者たちは在日外国人児童生徒教育としてどのよう
に日朝関係史の授業を展開することが適切であると考えているのであろう
か。その代表的な授業は、韓国・朝鮮に対して正しく認識するために近代
以前の朝鮮との良好な関係を知ること、そして近代以降、日本が朝鮮を植
民地としたことから始まる抑圧と在日コリアンの困難の双方を学ぶことで
ある。例えば、埼玉県の教師たちが作成した『くらしの中から考える埼玉
と朝鮮』という埼玉県と韓国・朝鮮の関係を記した指導資料集がある（『埼
玉と朝鮮』編集員会編 1997）。この文献には、近代以前の埼玉県と朝鮮の良
好な関係及び、朝鮮を植民地としてからの歴史が記されている。こうした
歴史の流れをたどることによって子どもたちは、韓国・朝鮮に対する抑圧
やネガティブなイメージが近代以降の政治にあることを理解することがで
きる。

　一方で、田渕は、在日コリアンをめぐる在日外国人児童生徒教育を社会
科、その中でも歴史の学習の中で行っていくうえで必要な三つの要素をあ
げている。第一は、征韓論以前の友好の歴史と、その後の不幸な歴史の双
方を教えること。第二は、国家という装置を通して自らの利益を貫徹させ
る支配者と民衆を峻別する視点を持つこと。第三は、韓国・朝鮮に対して
他律的なイメージを抱かないような情報を与えることである（田渕 1999、
pp.8-9）。

　以上の三点を踏まえると、まず、日朝関係史について近代以前にさか
のぼって歴史を教えることの重要性が見えてくる。このことは、前述し
た『くらしの中から考える埼玉と朝鮮』の考え方と共通している。そし
て、田渕の考え方において特徴的であるのが、歴史を語る際に、国家、あ
るいは国家の政治を司る人物だけではなく、それを支えてきた民衆の考え
方や生き方に焦点を当てることに大きな可能性があることを示した点であ
る。民衆に焦点を当てることで、韓国・朝鮮が支配されてきた国家である

というだけではなく、闘争を行い韓国・朝鮮の独立を維持しようとしてきた人々の力強さについても理解することができる。

　以上に加えて、田渕は、歴史教育における人物学習の可能性について、「歴史という舞台の上でドラマを演じた具体的な人間を取り上げ、その行動の軌跡を教材化することは、児童・生徒に歴史への興味・関心を喚起するだけでなく、その人物を生み出した時代背景（時代像）を明確にする優れた学習方法である」ことを指摘している（田渕1994、p.115）。特に、韓国・朝鮮と日本の両民族の間に立って和解と友好に尽力した人物を取り上げることは、在日外国人児童生徒教育として意味がある（田渕1994、p.132）。さらに、田渕は、こうした人物学習が小学生にとっても可能であると述べている（田渕1994、p.133）。6年社会科は、歴史に関する学習の入り口である。こうした具体的な人物を通して、歴史を学び、その人物が何を考え、どのように行動したのかを理解することにより、日朝関係史についてより深く学ぶことができるのである。

4. 『外国人教育指導内容試案』の内容

　本節では、外教研が6年社会科を対象に構想した『外国人教育指導内容試案』の内容について考察する。考察の視点として、まず、近代以前の日朝の友好的な交流がどのような学習内容として具体化されているのかについて検討する。次に、近代以降の韓国・朝鮮や在日コリアンに対する抑圧の歴史における特定の人物に焦点を当てた際の授業の特徴について明らかにする。

　そこで、まず、上述した二つの視点をどのように授業の中で具体化しているのか、『外国人教育指導内容試案』の全体を検討する。『外国人教育指導内容試案』は、外教研のメンバーのひとりである小栗栖直樹を中心に作成された。小栗栖は、指導にあたって「京都市外国人教育方針」に基づきつつ、特に次の2点に配慮することが必要であると指摘した（小来栖2012、

p.1）。第一は、在日コリアンや外国につながりのある子どもが自分のルーツに誇りが持てる展開とすることである。そのことは、『外国人教育指導内容試案』の中で、在日コリアンが誇れる韓国・朝鮮や在日コリアンに関する歴史を学ぶことで取り組むことができる構成になっている。第二は、正義の心情を生き抜いた日本人の存在を通して、自分自身の生き方を考えることである。第二の点については、人物に焦点を当てた歴史学習の一つの可能性である。つまり、小栗栖は、その可能性について、日朝関係及び、在日コリアンとの間で友好関係を築いた日本人に焦点を当てることで、日本人の子どもたちがその生き方から学ぶことが必要であると考えていたといえる。そういった日本人に焦点を当てた学習は、韓国・朝鮮と日本という国家間の政治からは見えない国や民族を越えた交流関係が明らかとなる。在日コリアンとの友好関係を築いた日本人からは、日本人として子どもたちが外国につながりのある人々とどのような関係を築いていくことが大切であるのかを学ぶことができる。

　次に、『外国人教育指導内容試案』の全体について考察する。『外国人教育指導内容試案』の具体的な内容については、【資料4】「6年社会科における在日外国人児童生徒教育の学習内容」の通りである。【資料4】にまとめた内容について全体を概観すると『外国人教育指導内容試案』には、次の二つの特徴があることがわかる。第一は、韓国・朝鮮が日本の文化に与えた影響関係について学習する内容になっていることである。第二は、日本と韓国・朝鮮の間で活動した人物を取り上げていることである。いずれも、前述した二つの視点と共通した内容になっている。

　第一にあげた、韓国・朝鮮の日本への影響関係については、歴史のなかで語られる近現代の日朝関係と対照的に、江戸時代までの友好関係を通して学ぶことができる。韓国・朝鮮に対する否定的なイメージの要因となる現在の歴史認識を相対化するためには、日本人の生活に大きな影響を与えた文化や技術が朝鮮から渡ってきた歴史を学習することが適切である。そのためには、【資料4】の番号1 ～ 5の江戸時代までの日朝関係に関わる交

流の歴史を系統的に学ぶことが大切である。中でも、「渡来人が伝えた文化」、「渡来人と大仏建立」では、日本の文化に多くの渡来人が影響を与えたこと、そして渡来人の子孫が仏像づくりに大きな役割を果たしたことを学ぶ。子どもたちにとってなじみの深い京都市や近隣地域に残る寺院や仏像も渡来人の技術によって作られたことについても学習する。文化交流に関する学習では、朝鮮の文化の豊かさだけではなく、その文化を学び日本の文化を創造してきた韓国・朝鮮人と日本人の姿が浮かび上がってくる。

　そして、朝鮮通信使に関する指導計画についても、注目すべきである。京都市の周辺地域には、朝鮮通信使縁の場所がいくつもある。例えば、京都府内の寺院には朝鮮通信使の書をなぞって作成した額が飾られている寺院がある。子どもたちは、こうした寺院を訪ねることによって、朝鮮通信使がもたらした文化が日本人からも人気を得ていたことを学ぶ。その際に、朝鮮通信使の江戸行きに同行した雨森芳洲（1668-1755）の「誠信の交」についての考えについて理解することもできる（上田 2011）。もちろん、秀吉の朝鮮侵略は、朝鮮の人々の生活を脅かした。しかし、その一方で、日本に渡ってきた陶工である沈壽官によって薩摩焼が発展したことは重要である。このように、日本は、長い間、朝鮮人との交流があり、それによって現代につながる日本の様々な文化が創造されていったことを学ぶことができるのである。以上のような文化に関する学習を通して、在日コリアンの子どもたちは、朝鮮の豊かな文化と、それらの文化が日本の文化に影響を与えてきた歴史を学ぶことを通して自らのルーツを誇ることができるであろう。

　次に、第二にあげた日朝関係において活動した人物についての学習である。人物が多く取り上げられていることは、『外国人教育指導内容試案』の大きな特徴であるといえる。例えば、それは、関東大震災の中で、流言が飛び交うなか在日コリアンを助けた大川常吉や布施辰治である。『外国人教育指導内容試案』を構想した小栗栖は、2011年に開催された外教研の研究集会の授業研究会において、関東大震災についての授業を行った。

小栗栖は、授業後の授業検討会において、日本人が関東大震災で流言に惑わされ韓国・朝鮮人を差別したことだけではなく、彼らを助けた日本人の存在を知らせたいと述べていた[8]。なぜなら、流言にまどわされず、正義を追求した日本人の行動から子どもたちは多くを学ぶことができるからである。同様に、大川常吉と布施辰治について学ぶことには、在日コリアンに対する差別がある状況において、日本人としてどう考え、行動することができるのかを子どもたちに考えさせるきっかけを作っている。

　その他の例として、創氏改名の指導計画では、「創氏改名に対する朝鮮の人々の思いや行動を考える」ための話し合いを行うことが記されている。この授業では、歴史の中の特定の人物を学ぶわけではない。しかし、創氏改名を強いられた庶民の立場に立って、その意味について考え、話し合うことは、抑圧された人々の状況をより深く理解するために在日外国人児童生徒教育の学習として意味がある。そのことは、現在、存在する在日コリアンに対する差別について考えることにも発展させることができる。

5. 「孫基禎とオリンピック」にみる人物学習

　前節では、近代以前の日朝関係史において主として朝鮮の豊かな文化と、それを通して人々が交流し日本に新たな文化の創造を促したといったことを子どもたちが学習することが重要であることをまとめた。このように、子どもたちは、文化交流について学ぶことで、近代以降の日本と韓国・朝鮮とは異なる良好な関係を理解することができる。

　その一方で、在日外国人児童生徒教育としての日朝関係史の学習において、人物に焦点をあて、具体的にどのような授業が展開されていたのだろうか。本節では、人物に焦点を当てた授業例として、外教研がまとめた6年社会を対象とした指導資料集『外国人教育指導内容試案』の中から「孫基禎とオリンピック」を考察する。授業の流れは**表9**「孫基禎とオリンピック　本時の展開」にまとめた。「孫基禎とオリンピック」を取り上げ

て考察する理由は、この授業が孫基禎という人物を教材としていることから、人物を教材とした際どのような授業展開が可能であるのかを考察するのに適しているからである。この授業からは、人物を教材とした社会の授業における在日外国人児童生徒教育の特質を理解できる。

　それでは、まず、『外国人教育指導内容試案』に記された「孫基禎とオリンピック」の概要について説明する。「孫基禎とオリンピック」は、在日外国人児童生徒教育として、1936年に開催されたベルリンオリンピックのマラソン日本代表選手として出場した日本統治時代の新義州出身の孫基禎（1912-2002）に焦点を当てている。この授業は、「植民地時代の不当性を考え」、「平和の大切さと民族の誇りについての理解を深める」という学習目標に基づいて、「新しい日本、平和な日本へ」（全6時間）の単元の中の5時間目に行われる。

表9　孫基禎とオリンピック　本時の展開

1.	ベルリンオリンピックについて知る。
2.	孫基禎選手がマラソンで優勝したことを知る。（1位　孫基禎、2位　ハーバー、3位　南昇龍）
3.	優勝し、表彰台にいる孫選手の気持ちを想像する。
4.	新聞記事から、朝鮮の人々の気持ちを考える。
5.	孫選手のインタビューから、孫選手の気持ちを話し合う。
6.	孫選手の戦後を知る。 ・ソウルオリンピックの最終聖火ランナー ・日韓友好の懸け橋

＊「6年社会科　外国人教育指導内容試案（渡来人〜孫基禎とベルリンオリンピック）」p.22の抜粋

　孫基禎に関しては、山本典人による授業がある（山本1994）。外教研の「孫基禎とオリンピック」は、山本が孫に対して行ったインタビューの内容を教材として用いていることから、山本の授業を踏まえて開発された

と考えることができる（山本 1994、pp.3-4、外教研 2012、pp.23-24）。山本は、韓国併合への理解を深めることを目的として孫基禎に関する授業を行っている。山本は、かつて、孫基禎のオリンピックでの活躍を教材化する前に、韓国併合に関して伊藤博文と安重根といった人物に焦点を当てて、韓国併合についての理解を深める授業を行ってきたという（山本 1994、p.9-10）。しかし、そうすると、伊藤博文を否定するだけではなく、安重根の伊藤博文についての暗殺の歴史的意味を子どもたちに理解させることができない（山本 1994、p.10）。そこで、山本は、孫基禎に焦点を当て、韓国併合を孫基禎と韓国・朝鮮の人々の立場から植民地支配の実際を学習するための授業として開発した。

　一方、外教研は、「孫基禎とオリンピック」が位置づけられている単元「新しい日本、平和な日本へ」における具体的な単元の六つの学習内容を次のように示した。それは、①「戦後の日本の復興と発展について調べる課題を持つ」、②「戦後の改革について調べる（日本国憲法）」、③「日本の独立と産業発展の背景を調べる」、④「東京オリンピックへの願いや努力について調べる」、⑤「ベルリンオリンピックの孫基禎の思いを通して、平和の祭典のあるべき姿を考える（本時5、6）」、⑥「一人一人の人権が大切にされ、差別のない社会をつくり上げた時に、本当の民主主義が実現することを理解する」である（外教研 2012、p.21）。上記の通り、孫基禎についての学習は⑤で行われる。このように、外教研の「孫基禎とオリンピック」は、1964年の東京オリンピックと戦前に開催されたベルリンオリンピックとを関連付け、オリンピックが平和の祭典としてどうあるべきかを、植民地時代の韓国・朝鮮の人々に焦点を当てて学ぶ在日外国人児童生徒教育としての授業である。山本が韓国併合についての理解を深めることを目的としているのに対し、外教研は、韓国併合について学び植民地時代の人々の思いについて考える学習を通して平和について学ぶことへ導いている。この点が山本の授業と、外教研の考える在日外国人児童生徒教育としての授業との大きな違いである。

外教研が構想した授業の中心となる活動は、5「孫選手のインタビューから、孫選手の気持ちを話し合う」である。そのために、外教研は、孫基禎がベルリンオリンピックのマラソンで金メダルをとったときの気持ちを語ったインタビュー記事を記したワークシートを作成している（外教研2012、pp.23-24）。ワークシートは、世界最高記録で金メダルをとったことの喜びの一方で、日本人として表彰台に上がらざるを得なかった孫基禎の心情を考えることができる構成である。孫基禎が日本人としてオリンピックに参加したことの歴史的背景については、2「孫基禎選手がマラソンで優勝したことを知る」の中の発問「なぜ、日の丸をつけて走ったのでしょう」で、その歴史的背景を振り返ることを通して理解を深める。

　孫基禎の授業の場合、まず、歴史的背景を子どもたちが理解し、その中で日本と韓国・朝鮮の間におかれた孫基禎の心情の理解を試みる。つまり、ここでは、過去の歴史的事実を学ぶだけではなく韓国・朝鮮と日本の間におかれた人物の心情を想像し、考えることが学習活動の中心となっているのである。本名を用い、韓国・朝鮮人としての誇りを持ちながらも日本代表選手としてオリンピックに参加せざるを得なかった孫基禎の気持ちを子どもたちが考えることは、ことばや文化、そして名前を奪われたことによる人々の苦悩についての共感的理解を目指している。そして、そのことは、子どもたちの身近で暮らす外国につながりのある人々の母国に対する思いや、日本に同化せざるを得ないことへの苦悩に気づくためのひとつのきっかけとなる。

　ここからわかるのは、在日外国人児童生徒教育としての日朝関係史の授業が、人物の気持ちを問う発問を通して、子どもたちの心情に訴えかけているということである。歴史を学ぶ際には、科学的に歴史を捉え、真実を追究する学習のあり方が必要である。ところが、在日外国人児童生徒教育としての日朝関係史では、日本と韓国・朝鮮の狭間におかれた人々の気持ちを子どもたちが想像し、考える授業となっている。こうした子どもたちの心情に訴えかける人物の学習を取り入れることで、日朝関係史の授業の

中で、在日外国人児童生徒教育は取り組まれているのである。

6. これからの在日外国人児童生徒教育に向けて

本章では、6年社会における日朝関係史を教材として開発された在日外国人児童生徒教育の授業の特質について検討することを通して、社会の授業における在日外国人児童生徒教育の現状と、その可能性を明らかにすることを目的として論じてきた。

その結果は次の2点である。第一は、日朝関係を近代以降の侵略をめぐる歴史だけではなく、近代以前の友好関係について系統的に学習できるように構成することの必要性である。具体的に、外教研は、渡来人から江戸時代の朝鮮通信使までの人々の交流を通して朝鮮の文化が日本文化に影響を与えたことを学習内容としている。要約すれば、ここで子どもたちは、朝鮮と日本の人々の交流による文化の創造について学ぶことになる。そのことによって、子どもたちは、韓国・朝鮮に対する良好な相互関係を学ぶことができるのである。このことは、抑圧や差別といった近代以降の日朝関係を相対化することができるという点で意味がある。同時に、在日コリアンと日本の子ども双方にとって、在日コリアンに対する差別や韓国・朝鮮に対する否定的なイメージが、近代以降の日朝関係の政治によってつくられことを理解することができる。

第二は、『外国人教育指導内容試案』の各授業案で人物に焦点を当てた授業を展開していることである。『外国人教育指導内容試案』の各授業案においては、沈壽官、雨森芳洲、柳寛順、布施辰治、孫基禎などの人物が登場した。いずれも、韓国・朝鮮と日本との狭間に立たされた人々である。こうした人物学習について、在日外国人児童生徒教育としての日朝関係史の学習では、「その人物が何を感じたか」、「その人物の行動から何を学べるか」といったことを想像し、考え、話し合う。このように、ここでの人物学習は、歴史を学ぶというよりは、その人物の行動の意図を通し

て、子どもたち自身の考え方を捉え直していこうとする。この点が、在日外国人児童生徒教育としての社会の授業の特徴であるといってよい。

　以上から明らかになるのは、在日外国人児童生徒教育としての6年社会の日朝関係史の学習は、渡来人から現代までの流れに基づいて行わなければならないということである。例えば、近代ばかりに焦点を当てると、韓国・朝鮮に対する他律的なイメージを抱くだけではなく、加害と被害の関係ばかりが強調されてしまう。反対に、近代以前ばかりに焦点をあてると、在日コリアンの誕生、そして彼らが抱えてきた課題について理解することができなくなる。したがって、在日外国人児童生徒教育として、6年社会の授業を行う際には、渡来人の時代から現代にかけて、系統的な授業を行うことが大切である。

　そして、日朝関係史において在日外国人児童生徒教育を行う際、人物に焦点を当て、その人の心情を想像し、考える授業は、差別されている人々の気持ちを理解するだけではなく、反対に交流を深めようと尽力してきた人々について学ぶことができる。社会の授業で在日外国人児童生徒教育を実践するのであれば、人物の心情に迫り、そこから在日コリアンを取り巻く課題について考え、向かい合うことが必要である。

　一方で、社会の授業において、人物についての学習に十分な時間を割くことは困難な場合もあろう。その際、総合的な学習の時間、学級活動、あるいは道徳といった授業の中で、社会の授業と関連づけて実践することができる。こうした社会を中心とした横断的な在日外国人児童生徒教育のあり方についてはまだ提案されていない状況にある。社会の授業と他教科等を関連づけて、いかに日朝関係史に関する学習を行えば良いのかは今後の課題といえる。

【資料4】　6年社会科における在日外国人児童生徒教育の学習内容

番号	単　元	試案における本時の目標	在日外国人児童生徒教育としての学習内容
1	渡来人が伝えた文化（縄文のむらから古墳の国へ）	渡来人が技術や文化を日本列島に伝えたことを理解する。渡来人の多くは、日本列島に住み、活躍したことを知る。	鉄器や舩、機織りなど、渡来人は、日本の文化に大きな影響を与えた。
2	渡来人と大仏建立（天皇中心の国づくり）	渡来人やその子孫が土木工事や寺院の建築、仏像づくりなどの役割を果たしたことを知る。	朝鮮から優れた技術や学問をもって渡来した人々が、政治・産業・文化において指導的な役割を果たした。
3	元との戦い（武士の世の中へ）	朝鮮の40年余りの戦いやアジアの人々の独立の戦いが元の日本侵略が失敗することになった原因であることを知る。	元の日本侵略において、中国・朝鮮などの民衆が抵抗したことによって日本が危機から救われた。
4	秀吉の朝鮮侵略（鎖国の世から江戸の世へ）	秀吉の朝鮮侵略が朝鮮民衆の戦いや李舜臣らによって撃破されたこと、朝鮮から来た陶工によって日本の焼き物の技術が発展したことを知る。沈壽官が日本で民族の伝統を大切にしてきたことを知る。	朝鮮出兵は、朝鮮の人々の生活を脅かした。そういった中で、李舜臣が朝鮮出兵と戦い、朝鮮を勝利に導いた。当時、朝鮮から日本に連れてこられた沈壽官は薩摩焼を創り出した。
5	朝鮮通信使（鎖国の世から江戸の世へ）	江戸幕府が朝鮮と国交を結んだことによって、朝鮮通信使が来日し、友好関係を築いたこと、雨森芳洲の考えを理解する。	朝鮮通信使は、幕府の国交回復、朝鮮の捕虜奪還・探索の意図によって始まった。朝鮮通信使によってさつまいもや朝鮮人参、水車など文化に影響を与えた。雨森芳洲は、朝鮮外交において「誠心の交わり」が大切であると述べた。
6	韓国併合（世界に歩みだした日本）	朝鮮（大韓帝国）を併合しようとしたことについて考え、朝鮮の人々の独立への願いや戦いを知る。韓国併合に反対した日本人がいることを知る。	日本の植民地となった朝鮮においては、人々は独立運動を行った。朝鮮を守るために戦った安重根は、韓国・朝鮮で英雄とされている。朝鮮は日本の植民地となり、金、宝、土地、文化財、言葉などを奪われた。3.1独立運動に参加した柳寛順は、示威行進を組織した。布施辰治は朝鮮独立戦争を擁護する立場で活躍した日本人である。

7	関東大震災（世界に歩みだした日本）	関東大震災における朝鮮人襲撃事件における差別に気づく。その一方で、朝鮮の人々を守ろうとした日本人がいたことも知る。	多くの朝鮮や中国の人々が関東大震災の時に殺された。日本には朝鮮や中国の人々に対する差別があった。一方で、大川常吉や布施辰治のように朝鮮の人々を助けた日本人もいた。
8	創氏改名（長く続いた戦争と人々のくらし）	皇民化教育が朝鮮人の誇りを傷つけ、民族性を奪い、徴兵制につながったことを知る。日本の植民地政策のねらいとともに、民族を守ろうとする思いを考える。創氏改名が日本名を名乗るきっかけとなったことを知る。	創氏改名により、朝鮮人の名前が日本名に改められた。それは、今日、在日コリアンが日本名を名乗る発端となった。皇民化教育によって心まで日本人にしようとした。そして、朝鮮人は、日本兵として戦争に行き、多くの人々が亡くなった。
9	孫基禎とオリンピック（新しい日本、平和な日本へ）	ベルリンオリンピックのマラソン優勝者である孫基禎が日本人選手として表彰台に上がらざるを得なかったことを通して、植民地支配の不当性を考える。孫基禎の気持ちを通して、平和の大切さと民族の誇りについて理解する。	孫基禎が日本代表として、表彰台に立った時、韓国人としての気持ちが沸き上がった。その後、孫基禎は、スポーツを通して日韓親善の懸け橋として活躍した。

【注】第6章

1　以下の文献は、在日コリアンを対象とした教育実践に携わってきた教師の論文が掲載されている。そこでは、多文化・多民族共生教育という言葉が用いられている。藤川正夫著、兵庫在日韓国朝鮮人教育を考える会、兵庫県在日外国人教育研究協議会編（2008）『多文化・多民族共生教育の原点——在日朝鮮人教育から在日外国人教育への歩み』明石書店。

2　全国在日外国人教育研究協議会をはじめ、奈良県外国人教育研究会、兵庫県外国人教育研究会も在日コリアン及びニューカマーの子どもたちの教育の在り方について、外国人教育という言葉を用いている。

3　2018年8月7日に行われた見学研修会は、海臨寺や浮島丸殉難者追悼の碑など丹後地方の日朝関係史跡を訪ねた。

4　「第39回全国在日外国人教育研究集会・京都大会　基調報告『多文化共生社会科の実現のための教育を創造しよう』」『第39回全国在日外国人教育研究集会資料集』、2018年、pp.13-14。

5　「第6回全朝教（全外教）セミナー　シンポジウム『21世紀の多文化共生教育を考える』」『全外教通信』No.73、2001年、p.18。

6　中島智子（2005）「全外教研究集会の実践報告から見えてくるもの——実践報告724本の分析から」『全外教通信』No.91、全国在日外国人教育研究協議会、pp.15-23。

7　たとえば、2013年には、中国の子どもが多く在籍する小学校におけるあそびに関する実践報告が行われた。2018年5月の授業研究会ではフィリピンから来た小学生に関する物語を教材とした道徳の授業が行われた。

8　外教研の授業研究会における検討会（2011年11月4日）。

終　章　京都市小学校外国人教育研究会のこれからと 多文化共生

1.　京都市小学校外国人教育研究会の成果

　平成29（2017）年告示の小学校学習指導要領の総則には、「特別な配慮を必要とする児童への指導」という項目が設けられた[1]。文部科学省は、その対象のひとつとして「海外から帰国した児童や外国人の児童の指導」を挙げている[2]。こうしたことからも、外国につながりのある子どもたちをめぐる取り組みは、教育における喫緊の課題として位置づけられていることがわかる。それは、文部科学省が実施した「日本語指導が必要な児童生徒の受入状況等に関する調査（平成30年度）」において日本語指導が必要な子どもたちの数が年々増加していることからも明らかである[3]。

　しかし、外国につながりのある子どもをめぐる教育実践は、今日に始まったことではない。その必要性は、既に1970年代より教師たちによって認識されていた。そして、その出発点は、在日コリアンの子どもたちをめぐる教育実践である。2世以降の在日コリアンの子どもたちは、日本で生まれ育っていることから日本語指導の必要性は少なかったといえよう。この点から考えると、今日の日本語指導が必要なニューカマーの子どもたちの状況と比較して、在日コリアンを対象とした在日外国人児童生徒教育を論じることが適切とは言えないかもしれない。しかし、外国につながりの

ある子どものことばや文化、歴史を大切にすることは現在のニューカマー
を対象とした在日外国人児童生徒教育においても共通して必要なことであ
る。

1970年代を出発点とする在日コリアンを対象とした教育は、在日コリ
アンの子どもたちの肯定的な民族的アイデンティティを形成し、それを認
めることのできる日本人の育成であった。他方で、今日のニューカマーを
対象とした外国につながりのある子どもをめぐる教育は、日本の学校や社
会になじむことを第一義とした日本語指導を中心とした適応教育が中心で
ある。もちろん、適応教育は、日本で暮らすために必要なことである。し
かし、その一方で、外国につながりのある子どもたちが自分自身を大切に
すること、そして日本人の子どもたちが外国につながりのある子どもたち
との関わりから学び成長するための教育実践も探求しなければならない。
本書で焦点を当てた外教研の研究・実践からはその教育のあり方について
の示唆を得ることができる。

外教研の設立からのメンバーであった小栗栖直樹に京都市の在日外国人
児童生徒教育に関する聞き取り調査を行ったときのことである[4]。聞き取り
の最後に、小栗栖は、「誰に差別されることが一番辛いことだと思います
か?」と筆者に尋ねた。「友達」それとも「先生」であろうか。小栗栖に
よると、その答えは、「自分自身」である。自分自身を差別するとは、在
日コリアンの子どもたちが、在日コリアンである自分自身を否定すること
である。それは自分自身を嫌いになることでもあるし、在日コリアンで
ある親を否定することでもある。小栗栖のことばにある通り、外教研は、
1981年の発足以来、在日コリアンの子どもたちが自分で自分を差別しな
い、出自を誇れるような教育実践を行うことを目指してきた。そのため
に、外教研の教師は、在日コリアンの子どもたちが韓国・朝鮮の文化の良
さに気づくと共に、在日コリアンとしての彼ら自身を肯定する日本人の仲
間を育てることをテーマとして取り組んできたのである。

外教研の大きな成果は、在日コリアンの子どもたちの文化や歴史を学ぶ

ための教材を開発し、それを用いた授業実践を京都市内の教師に提案した
ことである。それは、小学校低学年、中学年では物語、あそび、歌、絵な
どを通して韓国・朝鮮の文化の面白さと日本の文化との共通点を探る学習
であった。

　例えば、2012年12月11日の外教研の授業研究会では小学2年生の学級
活動で「韓国・朝鮮の歌遊びをたのしもう『はじめて会った友だちどう
し』」というテーマの授業が行われた。「はじめて会った友だちどうし」の
歌を韓国語でうたってじゃんけんをしながらあそぶという活動である。題
材のねらいは、「『はじめて会った友だちどうし』の歌あそびを楽しみ、韓
国・朝鮮の文化に親しむ」である。題材のねらい通り、授業研究会当日
は、周囲に何人もの参観者がいるのにもかかわらず、子どもたちは、その
あそびをすることがとても楽しく嬉しい様子で、歓声をあげながらあそん
でいた。その授業を行った工藤先生は、韓国・朝鮮のあそびをしていると
き、在日コリアンの子どもがどのような表情をしているか、または日本人
の子どもたちが韓国・朝鮮のあそびで楽しんでいる様子を在日コリアンの
子どもがどう見ているかを確認しながら実践することが大切だと語ってい
た[5]。こういった教育実践を通して、在日コリアンの子どもは、こんなに楽
しいあそびが韓国・朝鮮にあること、そして日本人の友だちもそれを楽し
んでいる様子を見て、嬉しくなり、安心する。外教研の教師は、このよう
に在日コリアンと日本人の子どもが韓国・朝鮮の文化と良い出会いができ
るような実践を行ってきた。

　そして、6年生の社会科で日朝関係史をいかに子どもたちに伝えるか、
外教研の教師たちが授業を実践し、研究授業として市内の教師たちに提案
してきたことは大きな意味がある。在日コリアンの子どもたちが、近現代
における日朝関係史を学ぶことは、自分がなぜ日本にいるのか、自分を知
るための重要なきっかけとなる。同時に、それは、日本人の子どもたちが
韓国・朝鮮に対する偏見や不和がどこから生じてきたのか、その要因を歴
史を通して理解することができる。こういった考え方に基づいて展開され

た外教研の在日外国人児童生徒教育には今日のニューカマーを対象とした教育においても学ぶべき点は多い。

2. 差異の尊重に基づいた人間関係の構築

　外教研の教師は、出自を誇れる在日コリアンの子どもと、差異を尊重できる日本人の育成を目指してきた。近年の傾向として、外教研では、在日コリアンだけではなく、日本に来たばかりのフィリピン、インド、中国といった外国につながりのある子どもとの人間関係に関わる授業が提案されている。たとえば、近藤先生は、2019年10月30日に行われた外教研の授業研究会において、小学校2年生を対象とした学級活動で在日外国人児童生徒教育の授業を行った。題材名は、「分かりやすく伝える工夫『やさしい日本語教室』」である。これは、近藤先生が独自に開発した授業である。授業研究会での本時の展開は、**表10**の通りにまとめた。

　指導案には、題材のねらいとして、「少しだけ日本語がわかる外国人にこれからの日本社会に必要な共通言語を作ることで、国際社会の一員としての素地を育てる」ことが記されている。題材のねらいからは、外国から転校してきた子どもにわかりやすい日本語を使って、コミュニケーションをすることがこの授業の目的としていることがわかる。こうしためあては一見すると、外国から転校してきた友だちにわかりやすい日本語に言い換えるための技術を子どもたちに育てることのようにみえる。しかし、本時の授業を参観すると、そこでは、外国から日本の学校に転校してきた子どもたちの心情について考える学習を行っていた。子どもたちは、外国につながりのある子どもたちの心細さや不安に共感し、そのうえでやさしい日本語を使いたいと考えているようであった。この授業を通して、子どもたちは、やさしい日本語を使うことが、外国につながりのある転校生に思いやりをもって接すること、そして友だちとなるための一つの手がかりであると感じていたようである。

表10　わかりやすく伝える工夫「やさしい日本語教室」（2年生）本時の展開

学習活動	主な発問と指導・支援
1. 本時の授業で考える視点をもつ。	○ 日本にいる外国人はどこの国の人が多いと思いますか。 ○ もしクラスに転校生が来ることを聞いたらどんな気持ちになりますか。 ○ もし日本語が話せない外国人の友だちが転校してきたらどうやって関わっていきますか。 〈学習課題の設定〉 外国から来た転校生にわかりやすい日本語で伝えよう。
2. VTRを観て、日本に住んでいる外国人のことや簡単な日本語「やさしい日本語」について知る。	○ VTRを観て、日本に住む外国人のことややさしい日本語について確認しましょう。
3. 挿絵「インドからの転校生」を見て外国から転校生が来たイメージをもつ。	○ 外国の学校から日本の学校に転校してくるっていうことはどういうことなのでしょうか。
4. 「やさしい日本語」を考える。	○ 道を渡る時のルールを転校生にもわかる日本語で説明しましょう。 ○ やさしい日本語での説明文を発表しましょう。
5. 学習を振り返る。	○ 今日の学習でどんなことを感じましたか。

* 2019年10月30日（水）に実施した授業の学習活動指導案の本時の展開をまとめた。表の中の○は主な発問・指示である。

　その他にも、近藤先生は、2018年5月30日に行われた外教研の授業研究会で、3年生を対象とした道徳で『他国の人となかよく』という主題名の授業を行った。授業は、「フィリピンから来た転校生」という近藤先生

自作の物語によって展開された。「フィリピンから来た転校生」の物語では、フィリピンから来た転校生が転校してきた当初は周囲の日本人が仲良く手助けをしていたが、次第に転校生が孤立し、不登校になってしまう。物語の最後において、フィリピンからの転校生は、教師と友だちの働き掛けによって教室に戻ってこれるようになる。こういった物語を通して、子どもたちは、異なる文化を持つ人たちが身近にいたら、わたしたちは何をしたら良いのか、そして共に生きるとはどういうことなのかを考えていた。

　このように、外教研は、近年日本で暮らすようになった子どもたちと日本人の子どもたちがより良い関係を築くための授業を開発している。これらは、異なる文化をもつ身近な人々とより良い関係を構築できる子どもたちの育成に向けた授業実践である。

3. 本名を呼び名乗る実践の成果と課題

　外教研は、これまで在日コリアンの子どもたちが教室で本名を呼び名乗ることのできる学校・学級づくりを課題として研究・実践に取り組んできた。本名を呼び名乗ることは、在日外国人児童生徒教育の一つの大きなテーマである。それは、外教研だけではなく、全外教[6]も同様である。全外教事務局長である寺井秀登は、多文化共生社会の実現には、「確かな歴史認識」「本名（民族名）を呼び名乗るとりくみ」「就学進路保障のとりくみ」が必要であると述べている[7]。

　三つの取り組みの中でも、本名を呼び名乗ることは、外国につながりのある子どもたちのアイデンティティ形成との関連が深い。なぜなら、子どもたちが、自分自身の出身国や民族を自覚し、その国や民族に属する存在として日本で生きていくことを強く自覚する確かなアイデンティティの形成によって、本名使用が実現すると教師によって考えられていたからである[8]。

　そして、藤井によると、日本において本名を用いて生活することは、差別に抗って生きることでもあるという[9]。つまり、本名を呼び名乗ることは、在日コリアンの子どもたちの差別に負けない強いアイデンティティを形成し、闘うことでもある。本名を名乗るための前段階として、子どもたちは、母語を学び、外国につながりのある子どもたち同士の交流を深め、出自に関する歴史を学ぶ学習を行う。こうした学習は、国や民族についてのアイデンティティを形成し、本名で生活するための基礎となると考えられている。

　ところが、こうした取り組みに対して混乱を示す在日コリアンもいる。例えば、全朝教（現・全外教）の2000年（第7回）セミナーのシンポジウムでは、在日コリアンの二人の大学生が自らのアイデンティティの複雑さを語っている。そのうちの一人の朴は、これまで在日コリアンの歴史というよりも、自分史というものを大切にしていきたいと思っていたこと、そして通称名を名乗ることを問われた際にも自分の考え方を守りたいという思いがあったと語っている[10]。このように、シンポジウムでは、在日コリアン自身によって、複雑な個人のアイデンティティの実際が語られた。

　在日コリアンとしての意識を強く持ち本名を名乗ることを期待する教育実践は、アイデンティティ・ポリティクスのひとつの形として捉えることができる。アイデンティティ・ポリティクスとは、ある国や民族出身の人々のちがいに焦点を当て、そのちがいを肯定する価値へと変革していく取り組みである（ホール著、山中他訳 1999、pp.67-104；塩原 2012、p.59）。アイデンティティ・ポリティクスの典型的な例としては、アフリカ系の人々がブラックというアイデンティティを共有し、文化や歴史を学習しながら、自らのルーツを探求し、肯定していくといった活動をあげることができる（ホール著、山中他訳 1999、pp.82-87）。前述した通り、全外教の教師は、本名の使用を在日コリアンとしてのアイデンティティの形成の中で捉えている[11]。こうした在日コリアンとしての出自を肯定させることで本名の使用を促す取り組みは、アイデンティティ・ポリティクスのひとつの型であ

ると考えられるのである。塩原は、アイデンティティ・ポリティクスがアイデンティティの形成を通して自らを強化することで積極的な社会参加を試みる手段となると述べている（塩原2012、p.60）。この考えに基づくと、外国につながりのある子どもが母語や文化を学びルーツを探り、それを肯定しながら本名を名乗る取り組みを行うことは、アイデンティティ・ポリティクスの実践なのである。

　こうした本名を呼び名乗るアイデンティティ・ポリティクスに関する教育実践においては、常に、在日コリアン、あるいは韓国・朝鮮の文化を強調している。こうした違いに焦点を当て、それを認めることを強調することについて、上野は、"差異を承認せよ"と主張する「承認の政治」であると指摘する（上野2008、pp.215-216）。差異を承認するということは、その国や民族が他とは明確に異なる「ほんものらしさ」が必要なる。その結果、在日コリアンは在日コリアンらしさを当然有しているはずであると考えるような本質主義につながることも危惧されるのである（上野2008、p.216）。本質主義に基づいて在日コリアンを考えれば、在日コリアン個人の多様性は見えてこない。

　在日コリアンをはじめとする外国につながりのある人々への差別や排除に関する問題はいまだに続いている。こうした問題がある社会において、国や民族に関わるアイデンティティを形成し、出自を誇る力を身につける必要はある。しかし、その一方で、在日コリアンの子ども個人のアイデンティティの複雑さをどのように捉えているかという課題もある。国や民族に限定されない個人の複雑さを踏まえ、その人自身を理解し尊重するとはどういうことなのか、そのあり方を考えることは、在日外国人児童生徒教育のこれからの課題といえる。

　外教研がこれまで行ってきた在日コリアンを対象とした教育実践は、在日コリアンの子どもの国や民族に関わるアイデンティティの形成と、それを尊重することのできる日本人の育成であった。在日コリアンの子どもたちが国や民族に関するアイデンティティを形成することは、アイデンティ

ティ・ポリティクスと呼ばれる取り組みのひとつであったと考えられるのである。こういった取り組みは、在日コリアンをはじめとする外国につながりのある子どもたちに国や民族という側面から自分自身に誇りをもち、日本人の中で自信をもって生きていくことのできる力を養うことができるという点において意味がある。

　しかし、そこでは、在日コリアンの本質が強調される傾向にあり、異なる文化が複雑に混ざり合った状況や個人のアイデンティティの複雑さに触れられることはない。外国につながりのある子どもたちのアイデンティティは、国や民族の枠組みの中だけでは理解することはできない。こうした課題から理解できるのは、在日外国人児童生徒教育の今後の課題が在日コリアンをはじめとする外国につながりのある子どもたち個人のアイデンティティの複雑さをどのように教育実践に結びつけていくかということである。

4.　これからの外国人児童生徒教育に向けて

　外教研の小学校における在日外国人児童生徒教育は、低学年、中学年では韓国・朝鮮の文化とのより良い出会いを通して、在日コリアンの人々や彼らの文化を肯定できることを日本人の子どもたちに期待してきた。同時に、それは、在日コリアンの子どもたちにとって、自分自身の文化を学び出自を肯定するためのひとつの手がかりである。6年社会の歴史に関しては、日朝関係の学習を通して在日コリアンについての理解を進めてきた。このように、外教研は、韓国・朝鮮の文化に共感し、親しむこと、そして日朝関係史を通して、在日コリアンについての理解を深める教育実践を展開してきた。しかし、こうした学習では、外国につながりのある人々をはじめとするマイノリティの人々に対する差別や偏見を排除するために行動できる子どもを育成することまではできない。

　今日の日本には、在日コリアンに対する差別、そして外国につながりの

ある人々の不平等がある。これからの在日外国人児童生徒教育は、差別、偏見、不平な状況に疑問をもち、それに対して行動できる子どもの育成が大切である。その一例として「第29回奈良県外国人教育研究集会」（2018年8月20日）で報告された大和郡山市の小学校の、「世界の国からこんにちは——多文化共生教育」というタイトルの2年生の教育実践をあげることができる。この実践が行われた2年の学年には外国につながりのある子どもがいる。まず、この小学校の1年生の時のはじめての図工の授業では、自分の似顔絵を描く授業を行った。自分の肌の色と比較しながらクレパスを選び、子どもたちは、色々な肌の色があることに気づいた。そして、フィリピン、ミャンマー、ベトナムにつながりのある子どもの保護者を授業に招き、食、ことば、あそびなどを教えてもらう活動なども行った。こうした学習がきっかけとなり、子どもたちは、防災の避難所を記した看板の言語に地域で暮らす外国人の多様性を反映していないことに気づいた。そこで、フィリピン、ミャンマー、ベトナムのことばによる多言語の避難所看板を作った。避難所看板には、目の不自由な人も読めるように点字を入れたりもした。その後、この避難所看板は、校門に設置されることになった。こうした活動は、外国について知った、親しんだというだけではなく、地域の外国につながりのある人々が不利な状況にあることに疑問をもち、子どもたち自身が多文化共生に向けて主体的に何ができるかを考え、行動した教育実践として意味がある。

　これまでの外教研の在日外国人児童生徒教育は、日朝関係史についての知識を得ることと韓国・朝鮮をはじめとする外国の文化に親しむ活動が中心であった。もちろんこうした学習は、差別や偏見、不平等をなくしていこうとする子どもたちの行動につながる大きな可能性がある。しかし、さらに、これからの在日外国人児童生徒教育においては、外国につながりのある人々に対する差別、偏見、不平等の課題に敏感になり、それらの課題の解決に向けどのように取り組めばよいのかを考え、多文化共生の実現を目指し行動できる子どもたちを育てることが大切である。

　外教研は、1981年の発足以降、在日コリアンを中心とした子どもたち
が自分を大切にできるように、そして彼らの良さを知る日本人を育てるた
めの教育実践を展開してきた。外教研の教育実践には、アイデンティテ
ィ・ポリティクスに関わる問題や、差別や偏見を排除するために行動する
ための教育実践の在り方を探るという課題もある。しかし、これまで行っ
てきた外教研の教師たちは、在日コリアンをはじめとする外国につながり
のある子どもをめぐる教育実践について考え、多くの研究・実践を蓄積し
てきた。

　外国につながりのある子どもが増加する今日の学校の中で、外教研の教
師たちのように、どれだけの教師たちがそれらの子どもをめぐる教育実践
に取り組んでいるだろうか。外教研は、そういった課題を共有しこれまで
の在日コリアンをめぐる教育実践とこれからの在日外国人児童生徒教育を
つなぐ取り組みを行ってきた。その取り組みからは、多くのことを学ぶこ
とができる。そして、今後の外国人児童生徒教育は、韓国・朝鮮をはじめ
とする外国についての文化や歴史を学ぶだけではなく、差別、偏見、不平
等に気づき、それらの軽減について考え行動できる子どもたちを育てる教
育のあり方を探求することが大切である。外教研の成果を基盤に、多文化
共生と社会正義を追求できる子どもたちを育てる教育実践を展開していく
ことが今後の在日外国人児童生徒教育の課題である。

【注】終章

1　『小学校学習指導要領（平成 29 年告示）』文部科学省。

2　同上。

3　文部科学省 HP「「日本語指導が必要な児童生徒の受入状況等に関する調査（平成 30 年度）」の結果について」https://www.mext.go.jp/content/1421569_001.pdf（2020年 9 月 11 日閲覧）

4　2013 年 11 月 1 日小栗栖直樹への聞き取り、京都市。

5　2014 年 2 月 24 日工藤先生への聞き取り、京都市。

6　全外教は、1979 年に「在日朝鮮人教育研究集会」を大阪で開き、1983 年に「全国在日朝鮮人教育研究協議会」として当時の外国人児童生徒の中心であった在日コリアンを対象とした教育を考える会として発足した。全外教という名称に正式に変更したのは 2002 年である。全外教は、毎年 8 月に「全国在日外国人教育研究集会」を開催し、在日外国人児童生徒教育の普及と進展に取り組んできた。全外教は、教師を対象とした外国人児童生徒教育に関する全国規模の団体である。

7　「第 39 回全国在日外国人教育研究集会・京都大会　基調報告『多文化共生社会の実現のための教育を創造しよう』」『第 39 回全国在日外国人教育研究集会資料集』、2018 年、pp.13-14。

8　金井秀樹（1996）「第 1 回　多文化共生教育を考えるシンポジウムがめざすもの」『全外教通信』No.50、p.4。

9　「第 39 回全国在日外国人教育研究集会・京都大会　基調報告『多文化共生社会の実現のための教育を創造しよう』」『第 39 回全国在日外国人教育研究集会資料集』、2018 年、p.17。

10　朴豊子（2002）「第 7 回全朝教（全外教）セミナー　シンポジウムより　名前にまつわるエトセトラ」『全朝教通信』No.77、pp.20-23。

11　金井　前掲書。

おわりに

　わたしは、2012年より、外教研の研修会への参加を開始し、それから少しずつ外教研の教師たちと話をするようになっていった。それらの話の中で印象的であったのは、外教研の教師たちが、外国につながりのある子どもたちとの出会いを学級、学校、そして教師としての自分自身がよりよく変えていこうとするきっかけにしようとしていたことである。たとえば、外教研の元会長の秋本先生が校長を務めていた小学校に、中国から転校生が来ることになったときのことである。その時、秋本先生は、「校長室で日本語を教えようかな」と日本語がまだできない子どもが転校してくることを笑顔で話していた。秋本先生は、「明日から、外国人の子どもが来るんだ（ゝ）」ではなくて、「明日から、外国人の子どもが来るんだ（ゟ）」と考えるそうである。この校長先生の学校なら外国につながりのある子どもの転入で学校がより良く変わる。わたしは、秋本先生のことばからその可能性を感じることができた。

　一方、外教研のメンバーの山本先生は、外教研の研修会が終わった後の打ち上げで、かつての学級に中国からの転校生が来た時の話をしてくれた。日本語ができない中国からの転入生とどう向かい合って良いかわからず戸惑ったときの話である。そして山本先生は、何もできないまま、その子どもは転校していってしまったことが悔やまれると、とても哀しく、残念そうに話をしていた。そのほかにも、多様性を尊重することの大切さをうたった歌の歌詞を教室に掲示する教師。マイノリティの人々が彼らのこ

とばや文化を大切にすることの意味に共感し、それを学校で少しの時間でもみつけて伝えようとする教師が外教研にはいる。このように、外教研の教師たちは、外国につながりのある子どもたちの小さな声に耳を傾け、悩みながら日々の教育実践を積み重ねているのである。

　本書は、京都市の外国人教育方針の内容と、その内容を教育実践に生かそうとする京都市、そして外教研の教師たちの取り組みの一端を示したのに過ぎない。その他にも実際の学級、学校づくりのなかで、外教研の教師たちは、多くの取り組みをしているのに違いない。それをすべて表すことができない限界がここにはある。しかし、そこで重要なのは、外教研の実践・研究が、在日コリアンをはじめとする外国につながりのある子どもたちに寄り添うことの大切さを感じながら、異なる文化の豊かさに気づいている教師によって支えられてきたということである。外教研への参加は、任意であり、教師の主体性に支えられている。わたしが秋本先生に、「忙しいのに、外教研の活動をされる先生方は立派だと思います」と言ったとき、秋本先生は、「当たり前のことですから」とこたえた。そういった気持ちを支えているのが、マイノリティである外国につながりのある子どもを思い、そのためにどのような教育実践を行えばよいのかを追求する教師の強い気持ちであると考えられる。

　外教研の教師は、外国につながりのある子どもとの出会いを通して、より良い学級、学校づくりをめざし、そして教師自身が教師としての専門性を高めるための取り組みをしてきた。外教研のこれまでの実践・研究からは、秋本先生のように「明日から、外国人の子どもが来るんだ (ヮ)」とポジティブに語りながら、新たな学級、学校の文化を創造することの大切さを学ぶことができる。そうした教師たちからは、外国につながりのある子どもをめぐる教育実践がこれからも豊かに発展していく明るい未来を確信することができるのである。

　最後になりますが、本書を刊行するにあたり、外教研により深く関わるきっかけを作ってくれた小栗栖直樹先生、外教研の研修会に快く参加させ

て下さり、教師という仕事の魅力や専門性の豊かさに改めて気づかせてくれた外教研元会長大野利和先生、京都市の在日外国人児童生徒教育や教育課程について貴重なご意見をくださった京都市教育委員会指導部学校指導課担当課長（多文化共生教育担当）の土屋諭先生から、わたしは数えきれないほど多くのことを教えていただいた。そして明石書店の神野斉さんと矢端泰典さんには本書の出版にあたって最初から最後までたくさんの相談に乗っていただいた。わたしは、わたしの周りにいる多くの大切な方々との関わりの中で、本書を出版できることに心から感謝している。ありがとうございました。

* 当該刊行物は、日本学術振興会科学研究費　基盤研究C「外国人教育方針・指針と在日コリアンを対象とした小学校の授業実践」（2013年4月から2016年3月、課題番号25381237）及び、基盤研究C「在日コリアンを対象とした外国人児童生徒教育の教員研修会にみる教師の専門性」（2016年4月から2019年3月、課題番号16K04741）の成果をまとめたものである。その過程で公開した当該刊行物に関する論文は以下の通りである。

　　磯田三津子（2014）「京都市公立学校における外国人教育の概念の検討——1970年代の市民運動と外国人教育方針の内容分析を通して」『埼玉大学紀要　教育学部』63（2）、pp.99-110。

　　磯田三津子（2015）「1980年代初頭における在日コリアンを対象とした外国人教育の特質——『外国人教育の基本方針（試案）』（1981年）と京都市立陶化小学校の校内研究」『埼玉大学紀要　教育学部』64（2）、pp.157-169。

　　磯田三津子（2016）「在日外国人教育方針・指針と外国人児童生徒教育の課題」『埼玉大学紀要　教育学部』65（2）、pp.59-71。

　　磯田三津子（2019）「在日コリアンを対象とした本名をめぐる教育実践と教師の力量形成——Z市小学校外国人教育研究会の研修会をめぐって」『埼玉大学教育学部附属教育実践総合センター紀要』（17）、pp.135-142。

* 本書は、令和2（2020）年度　日本学術振興会科学研究費研究成果公開促進費「学術図書」（課題番号：20HP5218）の補助を受けて刊行された。

引用・参考文献

アルベール・メンミ著、白井成雄、菊地昌実訳（1971）『差別の構造』合同出版。

池上知子（2014）「偏見と差別の発生メカニズム」『医学と教育』第 62 巻 10 号、pp.868-877。

磯田三津子（2011）「文化を超えて学びあう──京都・東九条マダンから広がる小学校の実践」『音楽文化の創造』61、音楽文化創造、pp.32-35。

磯田三津子（2013）「京都・東九条マダンにおける韓国伝統音──在日コリアンの祭りが創造する伝統芸能の新たな意味」『民俗音楽研究』38、日本民俗音楽学会、pp.1-10。

磯田三津子（2014）「京都市公立学校における外国人教育の概念の検討──1970 年代の市民運動と外国人教育方針の内容分析を通して」『埼玉大学紀要　教育学部』63(2)、pp.99-110。

磯田三津子（2015）「1980 年代初頭における在日コリアンを対象とした外国人教育の特質──『外国人教育の基本方針』（1981 年）と京都市立陶化小学校の校内研究」『埼玉大学紀要　教育学部』64(2)、pp.157-169。

稲垣有一（2014）「同和教育が切り拓いた大阪の《多文化教育》──大阪における《在日韓国・朝鮮児教育》の実践史から」『多文化共生社会と人権教育 part1　差別の現実に学ぶ外国人教育実践』公益社団法人　全国人権教育研究協議会。

稲富進（著）、中村水名子（編集）（2008）『ちがいを豊かさに──多文化共生教育の明日を拓く』三一書房。

上田昭（2011）『雨森芳洲──互いに欺かず争わず真実を以て交わり候』ミネルヴァ書房。

上野千鶴子（2008）「『共生』を考える」『日本における多文化共生とは何か――在日の経験から』崔勝久、加藤千香子編、新曜社、pp.192-237。

臼井智美（2012）「外国人児童生徒教育における指導体制の現状と課題――『教育の成果』の向上に資する組織づくりに向けて」『学校経営研究』大塚学校経営研究会、pp.43-56。

臼井智美（2011）「外国人児童生徒の指導に必要な教員の力とその形成過程」『大阪教育大学紀要　第Ⅳ部門』第 59 巻第 2 号、pp.73-91。

臼井智美（2005）「外国人児童生徒教育を行う教員への組織的支援に関する課題――担当教員の情報処理行動を助ける支援内容の検討」『学校経営研究』30 巻、大塚学校経営研究会、pp.31-44。

内田一雄（1993）『在日朝鮮人と教育――朝鮮を知る教材と実践』三一書房。

太田晴雄（2005）「日本的モノカルチュラリズムと学習困難」宮島喬、太田晴雄編『外国人の子どもと日本の教育――不就学問題と多文化共生の課題』東京大学出版会、pp.57-75。

小栗栖直樹（1982）「在日朝鮮人教育と私」『第 3 回在日朝鮮人教育研究全国集会資料　在日朝鮮人教育運動と実践の発展をめざして』在日朝鮮人教育研究会全国協議会準備会、pp.24-28。

小栗栖直樹、京都市小学校外国人教育研究会（2012）『6 年社会科　外国人教育指導内容試案――渡来人～孫基禎とベルリンオリンピック』。

小沢有作（1973）『在日朝鮮人教育論〈歴史篇〉』亜紀書房。

オッケトンム多文化共生編Ⅰ編集委員（2007）『アジアの友だちとつながろう！　オッケトンム　多文化共生編Ⅰ』奈良県外国人教育研究会。

カール・A グラント、グロリア・ラドソン＝ビリング編著、中島智子、太田晴雄、倉石一郎訳（2004）『多文化教育事典』明石書店。

金井秀樹（1996）「第 1 回　多文化共生教育を考えるシンポジウムがめざすもの」『全外教通信』No.50、p.4。

河合俊治（1962）「民族教育の視点――京都市陶化中学校の実践」『部落』14（11）、部落問題研究所出版部、pp.87-91。

金一勉（1991）『朝鮮人がなぜ「日本名」を名乗るのか――民族意識と差別』三一書房。

『埼玉と朝鮮』編集委員会（1997）『くらしの中から考える埼玉と朝鮮』『埼玉と朝鮮』編集委員会。

在日コリアン教育研究会（2000）「在日コリアン教育の再検討——原点から問い直す——本名について考える」『青鶴　大阪国際理解教育センター紀要』13、大阪国際理解教育センター、pp.67-80。

佐藤郡衛（2010）『異文化間教育——文化間移動と子どもの教育』明石書店。

スチュアート・ホール（1999）「新旧のアイデンティティ、新旧のエスニシティ」『文化とグローバル化——現代社会とアイデンティティ表現』玉川大学出版部、pp.67-104。

高橋敏道（1997）「在日外国人教育と多文化共生教育」『部落解放研究』118号、pp.17-27。田渕五十生（1994）『在日韓国人・朝鮮人理解の教育』明石書店。

田渕五十生（1999）「『在日コリアン』の教育が国際理解教育に示唆するもの——『異文化理解』から多文化教育の発想へ」『国際理解教育』Vol.5、pp.6-23。

田巻松雄、原田真理子、若林秀樹（2009）「教育実践の視点からみる外国人児童生徒教育の現状と課題」『宇都宮大学国際学部研究論集』第27号、pp.135-153。

崔忠植（1987）「地域に根差した保育園の20年」『共に生きる喜び——地域に根差した保育園の20年』希望の家カトリック保育園、pp.15-17。

鄭早苗、金英達、藤井幸之助、朴一、仲原良二編（1995）『全国自治体在日外国人教育方針・指針』明石書店。

特定非営利活動（NPO）法人東九条まちづくりサポートセンター（まめもやし）（2008）『東九条を知るために——東九条地域の概要と歴史』。

友常勉（2012）『戦後部落解放運動史——永続革命の行方』河出書房新社。

仲尾宏（2010）「京都国際学園」国際高麗学会日本支部『在日コリアン辞典』編纂委員会編、朴一代表『在日コリアン辞典』、明石書店、p.117。

中島智子（1981）「在日朝鮮人教育における民族学級の位置と性格——京都を中心として」『京都大学教育学部紀要』27号、京都大学教育学部、pp.117-127。

中島智子（1993）「日本の多文化教育と在日韓国・朝鮮人教育」『異文化間教育』7、異文化間教育学会、pp.69-84。

中島智子（1993）「日本の学校における在日朝鮮人教育」『多文化教育の比較研究——教育における文化的同化と多様化』小林哲也、江淵一公編、九州大学出版

会、pp.313-335。

中島智子（2005）「全外教研究集会の実践報告から見えてくるもの――実践報告724本の分析から」『全外教通信』No.91、全国在日外国人教育研究協議会、pp.15-23。

朴豊子（2002）「第7回全朝教（全外教）セミナー　シンポジウムより　名前にまつわるエトセトラ」『全朝教通信』No.77、pp.20-23。

朴正恵（2008）『この子らに民族の心を―大阪の学校文化と民族学級―』新幹社。

方政雄（2012）「外国人児童生徒教育」『現代国際理解教育事典』日本国際理解教育学会編著、p.229。

原野司郎（1994）「1.『京都市立学校外国人教育方針』策定までのあゆみ」『在日のいま――京都発』全朝教京都、pp.50-63。

東九条地域生活と人権を守る会（1982）「第二章　東九条運動史」『東九条地域生活と人権を守る会基調』東九条生活と人権を守る会、pp.5-10。

福山文子（2012）「権利の視点から見た外国人児童・生徒教育の課題――小学校での授業観察およびインタビュー調査を通して」『Proceedings――格差センシティブな人間発達科学の創成』20、お茶の水女子大学グローバルCOEプログラム「格差センシティブな人間発達科学の創成」、pp.193-201。

藤岡秀正（2000）「第三回定例研究会　京都市の公教育における外国人教育」『KIECE民族文化教育研究』（3）京都民族文化教育研究所、pp.112-140。

藤川正夫著、兵庫在日韓国朝鮮人教育を考える会、兵庫県在日外国人教育研究協議会編（2008）『多文化・多民族共生教育の原点――在日朝鮮人教育から在日外国人教育への歩み』明石書店。

布施柑治（2003）『ある弁護士の生涯――布施辰治』岩波書店。

マイケル・W・アップル、ジェームズ・A・ビーン編、澤田稔訳（2014）『デモクラティック・スクール――力のある教育とは何か』上智大学出版。

松下佳弘（1995）「せんせい、韓国語であいさつをしてもいい？――3年・4年での在日韓国・朝鮮人の子どもとのかかわりから」『1994年度外国人教育研究集会――民族差別をなくすことをめざす創意ある実践の推進』京都市小学校外国人教育研究会。

松下佳弘（2004）「京都市における在日韓国・朝鮮人教育の成立までの経過――

1981 年『外国人教育の基本方針（試案）』策定の前史として」『世界人権問題研究センター研究紀要』第 9 号、pp.115-136。

松下佳弘（2007）「京都市における『外国人教育』の経過と現在の課題」『資料集　第 28 回全国在日外国人教育研究集会　京都大会』全国在日外国人教育研究協議会、pp.46-49。

松下佳弘（2008）「京都における朝鮮人学校閉鎖期（1948~1950）の状況——府・市による閉鎖措置と公立学校への転換の視点から」『世界人権問題研究センター研究紀要』第 13 号、pp.265-298。

水野直樹（2009）『創氏改名——日本の朝鮮支配の中で』岩波新書。

薮田直子（2013）「在日外国人教育の課題と可能性——『本名を呼び名乗る実践』の応用をめぐって」『教育社会学研究』第 92 集、日本教育社会学会、pp.197-218。

好井裕明（2015）『差別の現在——ヘイトスピーチのある日常から考える』平凡社。

山岡晃久、尾﨑有（2018）「世界の国からこんにちは——多文化共生教育」『第 29 回奈良県外国人教育研究集会　資料』奈良県外国人教育研究会、pp.22-27。

山本すみ子、ヨコハマハギハッキョ（1999）『韓国・朝鮮と出会おう』国土社。

山本典人（1994）『日の丸抹消事件を授業する』岩波ブックレット No.334、岩波書店。

リリアン・テルミ・ハタノ（2009）『マイノリティの名前はどのように扱われているのか——日本の公立学校におけるニューカマーの場合』ひつじ書房。

若林秀樹（2014）「小中学校現場が抱える外国人児童生徒教育の課題——日本語指導に関する『特別の教育課程』の実施を機に考える」『国際人流』pp.12-20。

渡辺重範（2007）『時代を紡ぐ教育論』早稲田大学出版部。

Banks, J. A. (2004). "Multicultural Education: Historical Development, Dimensions, and Practice." In J. A. Banks and C. A. M. Banks (Eds.), *Handbook of Research Multicultural Education* (2nd ed.) San Francisco, CA: Wiley. pp.3-29.

Banks, J. A. (2006). "Democracy, Diversity, and Social Justice: Educating Citizens for the Public Interest in a Global Age." In G. Ladson-Billings and W. F. Tate (Eds.). *Education Research in the Public Interest: Social Justice, Action, and Policy*. New York: Teachers College Press. pp.141-157.

引用・参考文献

Banks, J. A. (2009). *Teaching Strategies for Ethnic Studies* (8th ed.). Boston: Allyn and Bacon.

Banks, J. A. (2013). "Approaches to Multicultural Curriculum Reform." In J. A. Banks and C. A. M. Banks (Eds.), *Multicultural Education: Issues and Perspectives* (8th ed., pp.181-199). Hoboken, NJ: Wiley.

Fitzpatrick, K. R. (2012). "Cultural Identity and the Formation of Identity: Our Role as Music Teachers," *Music Educators Journal* 98(4), pp.53-59.

Grant, C. A. & Sleeter, C. E. (2010). "Race, Class, Gender and Disability in the Classroom." In J. A. Banks & C. A. M. Banks (Eds), *Multicultural Education: Issues and Perspectives* (7th ed., pp.59-80). Hoboken, NJ: Wiley.

Johnson, D. W. and Johnson, R. T. (2002). *Multicultural Education Human Relations: Valuing Diversity*. Upper Saddle River, NJ: Prentice Hall.

Ladson-Billings, G. (2009). *The Dreamkeepers: Successful Teachers of African American Children* (2nd.ed.). San Francisco, CA: Jossey-Bass.

Shaw, J. (2012). "The Skin that We Sing: Culturally Responsive Choral Music Education," *Music Educators Journal* 98(4), pp.75-81.

Sleeter, C. E. & Grant, C. A. (2009). *Making Choices for Multicultural Education: Five Approaches to Race, Class, and Gender* (6th ed.). Hoboken, NJ: Wiley.

【資料】

大阪市教育委員会（2001）『在日外国人教育基本方針——多文化共生の教育をめざして』。

小笠原亮一「京都『考える会』の歩み」。

小栗栖直樹（1982）「生徒指導における外国人教育への視点」。

外国人教育研究推進委員会（1981）『外国人教育の基本方針（試案）』。

京都市教育委員会（1992）『京都市立学校外国人教育方針——主として在日韓国・朝鮮人に対する民族差別をなくす教育の推進について』。

京都市小学校外国人教育研究会『京都市小学校外国人教育研究集会』（1994年から2017年）。

京都市小学校外国人教育研究会『京都市小学校外国人教育研究会35年のあゆみ』。

167

京都市小学校外国人教育研究会『2017 年度　京都市小学校外国人教育研究会総並びに授業研修会』。

京都市立陶化小学校『昭和 56 年度　陶化教育のあゆみ』。

京都市立陶化小学校『昭和 57 年度　陶化教育のあゆみ』。

京都市立陶化小学校『昭和 58 年度　陶化教育のあゆみ』。

阪井次恵（2012）学級活動「韓国・朝鮮の歌遊びを楽しもう『はじめて会った友だちどうし』」（2 年生）の指導案と授業 DVD。

『週刊東洋経済』特集「隠れ移民大国ニッポン」（2018 年 2 月 3 日号）。

全国在日外国人教育研究協議会『全外教通信』No.73、2001 年。

全国在日外国人教育研究協議会（2014）『第 35 回全国在日外国人教育研究集会資料集』。

全国在日外国人教育研究協議会（2018）『第 39 回全国在日外国人教育研究集会資料集』。

中村光伸（1982）「社会科指導案」『昭和 57 年度　陶化教育のあゆみ』、pp.12-14。

奈良県外国人教育研究会（2018）「第 29 回奈良県外国人教育研究集会資料」。

文部科学省『小学校学習指導要領（平成 29 年告知）』。

山口寛人（2018）道徳「他国の人となかよく」（3 年生）の指導案と授業 DVD。

山口寛人（2019）学級活動「分かりやすく伝える工夫『やさしい日本語教室』」（2 年生）の指導案と授業 DVD。

労働運動研究会編『九条思潮（二）』。

索 引

【著者紹介】

磯田三津子（いそだ・みつこ）
　　1968年　広島県生まれ
　　2001年　東京学芸大学大学院連合学校教育学研究科単位修得満期退学・博士（教育学）
　　現在　　埼玉大学教育学部准教授
　　主著：『音楽教育と多文化主義——アメリカ合衆国における多文化音楽教育の成立』三学
　　　　　出版、2010年。*Difference and Division in Music Education*, Routledge, 2020（共著）。

　　　　京都市の在日外国人児童生徒教育と多文化共生
　　　　　　　　——在日コリアンの子どもたちをめぐる教育実践

2021年2月15日　初版第1刷発行

　　　　　　　　　　著　者　　磯　田　三　津　子
　　　　　　　　　　発行者　　大　江　道　雅
　　　　　　　　　　発行所　　株式会社明石書店
　　　　　　　　　〒101-0021 東京都千代田区外神田 6-9-5
　　　　　　　　　　　　　　電話　　03（5818）1171
　　　　　　　　　　　　　　FAX　　03（5818）1174
　　　　　　　　　　　　　　振替　　00100-7-24505
　　　　　　　　　　　　　　http://www.akashi.co.jp
　　　　　　　　装　丁　　明石書店デザイン室
　　　　　　　　ＤＴＰ　　レウム・ノビレ
　　　　　　　　印　刷　　株式会社文化カラー印刷
　　　　　　　　製　本　　本間製本株式会社
（定価はカバーに表示してあります）　　　　　ISBN978-4-7503-5141-4